DISCLAIMER

The author and publisher are providing this book and its contents on an "as is" basis and make no representations or warranties of any kind with respect to this book or its contents. The author and publisher disclaim all such representations and warranties, including but not limited to warranties of merchantability. In addition, the author and publisher do not represent or warrant that the information accessible via this book is accurate, complete, or current.

Except as specifically stated in this book, neither the author nor publisher, nor any authors, contributors, or other representatives will be liable for damages arising out of or in connection with the use of this book. This is a comprehensive limitation of liability that applies to all damages of any kind, including (without limitation) compensatory; direct, indirect, or consequential damages; loss of data, income, or profit; loss of or damage to property; and claims of third parties.

Extra Graphic Material From: www.freepik.com
Thanks to: Alekksall, Starline, Pch.vector, Rawpixel.com, Vectorpocket, Dgim-studio, Upklyak, Macrovector, Stockgiu, Pikisuperstar & Freepik.com Designers

This Book Comes With Free Bonus Puzzles

Available Here:

BestActivityBooks.com/WSBONUS20

5 TIPS TO START!

1) HOW TO SOLVE

The Puzzles are in a Classic Format:

- Words are hidden without breaks (no spaces, dashes, ...)
- Orientation: Forward & Backward, Up & Down or
  in Diagonal (can be in both directions)
- Words can overlap or cross each other

2) ACTIVE LEARNING

To encourage learning actively, a space is provided next to each word to write down the translation. The **DICTIONARY** allows you to verify and expand your knowledge. You can look up and write down each translation, find the words in the Puzzle then add them to your vocabulary!

3) TAG YOUR WORDS

Have you tried using a tag system? For example, you could mark the words which have been difficult to find with a cross, the ones you loved with a star, new words with a triangle, rare words with a diamond and so on...

4) ORGANIZE YOUR LEARNING

We also offer a convenient **NOTEBOOK** at the end of this edition. Whether on vacation, travelling or at home, you can easily organize your new knowledge without needing a second notebook!

5) FINISHED?

Go to the bonus section: **MONSTER CHALLENGE** to find a free game offered at the end of this edition!

Want more fun and learning activities? It's **Fast and Simple!**
An entire Game Book Collection just **one click away!**

Find your next challenge at:

BestActivityBooks.com/MyNextWordSearch

Ready, Set... Go!

Did you know there are around 7,000 different languages in the world? Words are precious.

We love languages and have been working hard to make the highest quality books for you. Our ingredients?

A selection of indispensable learning themes, three big slices of fun, then we add a spoonful of difficult words and a pinch of rare ones. We serve them up with care and a maximum of delight so you can solve the best word games and have fun learning!

Your feedback is essential. You can be an active participant in the success of this book by leaving us a review. Tell us what you liked most in this edition!

Here is a short link which will take you to your order page.

BestBooksActivity.com/Review50

Thanks for your help and enjoy the Game!

Linguas Classics Team

1 - Antiques

```
Т Р А С Р Ж С Ж Л Ч Г Қ Г Ю
В Ч Р И Й Ӯ Т Љ С П И Ҷ О Ъ
Я Ь З Т А Ф И С А Т А Н Г А
О Я И Б С У Л Љ Н Ц Н Ы Ъ И
М Р Ш В О Љ Ь Щ Ъ Е В У Ь Б
Р І О Ь С В Х Р А Н Ъ Е Ж В
А Ҳ Б И Й Ғ Е В Т В П Ғ Х Ю
С Ж Г А Ш Њ Њ Ш А Б Н Ғ Я
А С И Ф Ъ Й Ҳ У В Ы М Т Љ А
М Н Ю Ь Р И Қ Я Щ Б Е К О С
Ю М Е Ш Њ А Њ Г Щ Њ Б Қ Д Р
М У З О Я Д А Я И Р Е Л А Г
Я С В Ҳ Ъ Ь А Е Қ Ж Л Ъ Ч А
Ъ А Ь Ж И Ю Ғ Ц М К Щ Ш А Б
```

САНЪАТ	ГАЛЕРИЯ
МУЗОЯДА	САРМОЯ
АСОСЙ	НАРХ
АСР	СИФАТ
ТАНГА	СТИЛЬ
ОРОИШЙ	ТӮЙИ
ШЕВО	АРЗИШ
МЕБЕЛ	

2 - Food #1

```
Д О Д Х Ц Ы Щ Љ Д Щ Е Ӯ Љ С
Б Ч Т З М Ъ Х Д Г Т Г М Ж Ы
С Б Ч Ё С У Ю Ѓ Ч А А И С Њ
Щ И Р И Љ А В Ф Л Б Н Л П Ц
Ы Ѓ Р П Н С Ц Ю Н Р У Б А П
К Л У Б Н И К А А А Т А Н С
Ы Ъ Л Р Қ Х Ш Щ М Ш М С А С
Ц Х О Е Ц А Ю Ѓ А Қ Н И К А
Ж А Д П Г Р Н Ъ К Ф Х Л Ь Б
О П Р А Ѓ А Ф Л І М Ч У В З
К Б А Ш П Ҳ М Я Ш Ӯ Р Б О Й
П Ч З И Л В Ш Ж Ы М Ъ И И О
Ш Ш Д Р Ц Ш Х Қ Ы Ф Ш В П Ҳ
Ш А К А Р Ч С Н О К М Х Я Ф
```

ЗАРДОЛУ	АРАХИС
ЉАВ	НОК
БАСИЛ	САЛАТ
САБЗЙ	НАМАК
ДЧЧИН	ШӮРБО
СИР	СПАНАК
ШАРБАТ	КЛУБНИКА
ЛИМӮ	ШАКАР
ШИР	ТУНА
ПИЁЗ	РЕПА

3 - Measurements

```
С Ь В Љ М Ф Ч К Д Љ В Щ Н Щ
А А Б Њ Ь Ѓ Д И Ь Н Е Ж И У
Н Й М Џ У Г И Л Њ Л Д Џ Б Ж
Т Ъ Ҳ Ч С Ь У О Ч Л А Г А Н
И Џ М А С С А М Љ Н К Ж Л У
М Л Р Н Д Ч Ѓ Е Ф З И Ф А Н
Е Ш Д Н Щ Ц Т Ф А К Ш Н С
Т Х Љ О М Н Т Р Ҳ В А Ж Д Е
Р Ч В Т Е Д Ю І А Ы Д Љ И К
У Ҳ Ф Й Ь Ж А Н Џ П Ц А Л Щ
Г Л У А Д Љ Ф Р М У К Ч И Ю
Н У Ь Б А О Ю П О Т Ҳ Ҳ Т Ч
К И Л О Г Р А М М З Ь Р Р А
М Г Р А М Л Т Ц І И И М И Т
```

БАЙТ   ДАРОЗ
САНТИМЕТР   ЛИТР
ДАҲЙ   МАССА
УМР   ДАКИКА
ГРАМ   УНСЕ
БАЛАНДИ   ТОННА
ИНЧ   ҲАҶМ
КИЛОГРАММ   ВАЗН
КИЛОМЕТР

4 - Farm #2

```
Б И Ч І Ж Ч Ч Х Ш В Г Ю Ҷ Ь
Е Ш Д Л О Ш А Ц Ю К Ӯ Ғ К Қ
Х Ғ Е Щ Ъ И В Й О Т С Щ Ю Њ
И О Х Ж О Р К Б Ф О Ф Ъ Ю С
Љ Р К К Ч У В О Р Й А І Щ И
Л У О Я Щ Ҳ А Ғ М Ь Н Ю Ф Д
Я А Н Њ Ғ Ю Љ Р Х Х Д И Ж Њ
Р В М Х О Л П У Г А Н Д У М
Љ Е Ц А Ц Б У М Ц О И Ч Ж Ч
Њ М Х Ц Н Р Ь Г Қ В Ф Ф Г Ғ
Т Р А К Т О Р Ё М Ц Я Ц Ҳ А
Ъ У Я Б І Ж Е П Р А Б А Р Н
Б Г Ь У С Њ Ҷ О И Й Ъ Н В Щ
Л Н У Ч С Л Б П Я К Ш Р Ы Ч
```

ЉАВ	ГӮСФАНД
БАРН	ЛАМА
ҶУВОРЙ	ЛУГ
МУРҒОБЙ	ШИР
ДЕХКОН	ОВЦА
МЕВА	ТРАКТОР
ОБЬЁРЙ	ГАНДУМ

5 - Books

```
Ғ  И  К  Ҳ  Б  Ф  О  Ч  И  А  О  В  А  Р
Т  Р  Ҷ  Ы  И  А  П  П  Н  У  Ҳ  Я  К  Ж
Н  А  М  О  Р  К  Р  Ъ  Е  Ш  И  С  Ю  Љ
Ы  Т  Ъ  Л  Њ  І  О  О  Н  И  К  О  Б  П
Н  Х  Г  Р  Л  И  О  Я  С  Ғ  О  Ю  А  И
В  У  І  Я  И  Ҳ  В  Қ  Т  М  Я  Д  Д  Ы
Ь  Д  Ь  Ъ  Њ  Х  Д  Ь  В  О  Т  К  А  Ы
Ќ  А  Р  И  Н  А  Й  Ж  І  С  К  Њ  Б  Њ
К  О  Л  Л  Е  К  Ц  И  Я  К  У  М  И  Г
С  А  Х  И  Ф  А  Ш  И  Њ  В  Н  У  Ё  У
Р  И  М  У  А  Л  Л  И  Ф  А  А  З  Т  Л
И  Х  Т  И  Р  О  Ъ  К  О  Р  Н  Д  Т  Ъ
Ҳ  Г  Ч  Щ  І  Э  П  И  К  Ы  Д  И  М  Б
М  Х  Б  М  К  У  С  А  Д  Н  А  Н  О  Х
```

МОСКВА	АДАБИЁТ
МУАЛЛИФ	ҲИКОЯТКУНАНДА
КОЛЛЕКЦИЯ	РОМАН
ЌАРИНА	САХИФА
ДУХТАРИ	ШЕЪР
ЭПИК	ХОНАНДА
ТАЪРИХЙ	БАРО
МУЗДИ	ҲИКОЯТ
ИХТИРОЪКОР	ФОЧИАОВАР

6 - Days and Months

```
Х Е Қ Х С А Е Њ Д Я Г Ғ Я Н
О А С Л Ш Е Б К Ъ Н П Ф К О
М К Ф Б С У Н Ы М В Д Е Ш Я
Д П Г Т К Е А Т Р А М В А Б
Ю Ф Н Х А Ғ Ш Ч Я Р Ч Р Н Р
А В Г У С Т У А Л Б Ш А Б Ъ
Ш А Н Б Е Ҳ Д В Н Ҳ Р Л Е Т
П А Н Ч Ш А Н Б Е Б Ф Л А А
М Е И Њ Ф Р Ш Л Ъ М Е Е М Қ
Њ Ф Ю Щ Д І О К Т Я Б Р Ь В
Г Њ Л П Н И Л Ю К І Ф П Ғ И
Ф Ф Я Б Ғ Қ Б С Б Қ В А Д М
Ж Ь О Ч У М Ъ А Ж Щ Ъ Ш В Њ
Ҳ Б Ч С О Л Е Н Т Ж Ю Г Г Љ
```

АПРЕЛ	НОЯБР
АВГУСТ	ОКТЯБРЬ
ТАҚВИМ	ШАНБЕ
ФЕВРАЛ	СЕНТЯБР
ЧУМЪА	ЯКШАНБЕ
ЯНВАР	ПАНЧШАНБЕ
ИЮЛ	СЕШАНБЕ
МАРТ	ЧШ
ДУШАНБЕ	ХАФТА
МОХ	СОЛ

7 - Energy

С	В	И	Д	Р	О	Г	Е	Н	Д	Љ	І	С	І
А	Р	А	Ж	К	Н	С	А	Н	И	Б	Р	У	Т
Н	Г	Я	Қ	Щ	Р	Ъ	І	Ф	З	Т	Њ	К	Щ
О	А	Ч	Я	Ю	Ю	Ч	І	Ц	Е	К	Ф	Н	Е
А	С	І	Й	В	А	Ш	С	О	Л	Ф	И	У	Ҳ
Т	М	У	Й	М	Б	Е	Н	З	И	Н	Ч	Э	Ч
Э	О	Љ	Р	Ы	У	Д	Қ	І	Д	У	Б	Н	К
Л	Т	Њ	О	А	Ъ	Ҳ	Я	А	О	О	А	Т	А
Е	О	В	В	Ь	Т	Ъ	И	У	Б	И	Р	Р	Р
К	Р	Ъ	Ш	Д	Қ	М	Д	Т	А	Ъ	Қ	О	Б
Т	О	А	И	Б	А	Т	А	Р	Е	Я	Й	П	О
Р	Ғ	Ф	З	Ш	Ъ	Ъ	Щ	К	И	А	Л	И	Д
О	Ш	П	У	Х	Н	І	Ы	Ж	Љ	Ҳ	С	Я	И
Н	Ы	М	С	Ж	Ь	П	О	М	Ф	П	А	М	И

БАТАРЕЯ   ВИДРОГЕН
КАРБОД   САНОАТ
ДИЗЕЛ   МОТОР
БАРҚЙ   АСЛЙ
ЭЛЕКТРОН   СУРАТ
ЭНТРОПИЯ   ИФЛОСШАВЙ
МУҲИТ   ЧУФТИ
СУЗИШВОРЙ   ТУРБИНА
БЕНЗИН   БОДИ
ЖАРА

8 - Chess

```
Ғ  Б  Ҳ  Ҷ  П  Б  Т  А  П  Ю  Ы  Ч  Ш  Ц
П  Г  О  Л  Х  Њ  Т  Л  В  Ы  Ч  Л  О  Р
С  А  Ш  З  Ё  Ц  Г  У  Щ  Ч  Ц  В  Ҳ  Њ
Ч  І  С  Я  И  Г  Е  Т  А  Р  Т  С  З  Ц
А  Љ  К  С  С  Н  О  Ю  Г  Ш  Ф  Т  О  Х
П  Е  Н  О  И  П  Г  Р  Г  Ҳ  Н  Ц  Д  Щ
Г  Ғ  Т  Ҳ  Н  В  П  А  В  А  Қ  Т  А  Ю
Б  І  О  А  У  К  Г  Р  Р  И  Н  Р  У  Т
О  П  Ж  Д  Ф  Ж  У  Ч  Е  М  П  И  О  Н
З  Б  Л  И  Х  А  Р  Р  О  Њ  О  К  П  Н
Й  Ч  Ю  О  Ъ  Ъ  К  А  С  С  А  Ф  Е  Д
Л  Н  Г  Қ  Д  И  А  Г  О  Н  А  Л  М  П
Л  Њ  В  И  Ж  Ч  Т  І  М  А  Ғ  Ҷ  О  У
Е  Р  Щ  Г  Х  Р  О  Б  Р  Ғ  Щ  И  Т  Ғ
```

СИЁХ
ЧЕМПИОН
КОНКУРС
ДИАГОНАЛ
БОЗЙ
ШОҲ
РАХИЛ
ПАССИВ

БОЗИНГАР
ШОҲЗОДА
ҚОИДАҲО
СТРАТЕГИЯ
ВАҚТ
ТУРНИР
САФЕД

9 - Archeology

Ъ Ю Ь М М П I С И Т О Ф Д Х
С О Н И Ш Р О К Д А Б Ъ А М
Ф Қ А Б Р Е Ж Ю Ҳ Х Ъ Р С Ч
М О С Ъ Щ Л У Н Н Л Е Д Т Т
Ф Ж С М Р И Л Р Д И К Щ А В
Њ Њ Н И Ч К Ф У Ы Л Т Т Д С
Б Ю Л Љ Л И Ж Њ Н И Х Ч Д О
С Т Щ Е П Д А М У Р О Ч Њ Ф
Д Ж О П Е Д Б У Д Д Г В Љ К
Ч Њ А П Ь А Ж У Д Б Х Ь Р С
Х Я Г Ф Ғ Х Ч Љ А С Р О Р Ъ
М Х Ц Қ Ы У Ж С М Н Б И Т Ш
Х Љ Ф Ғ М М Щ Х А Е М У В Қ
С Ч Ю Х Н О Х У Т С У Я У Ю

ТАХЛИЛИ	ОБЪЕКТХО
УСТУХОН	РЕЛИК
ТАМАДДУН	МУХАДДИК
КОРШИНОС	ДАСТА
ФОСИЛ	МАЪБАД
АСРОР	ҚАБР

10 - Food #2

```
Г  Ш  С  Ж  У  Ш  Қ  Њ  Ш  В  Б  В  Қ  Д
Е  Т  Қ  И  Ҳ  П  Ч  Ю  Ъ  Н  Љ  С  Ш  Қ
Л  О  У  Г  А  Н  Д  У  М  П  А  Н  И  Р
О  Б  Р  Х  Б  И  Р  И  Н  Ч  К  К  Й  О
С  Ю  О  С  М  Қ  У  Р  Р  Щ  И  А  О  Н
Д  Ь  Д  Д  Е  Ғ  Г  Ч  Х  Г  В  Р  Г  Е
Б  Ъ  И  Қ  И  Б  Н  Х  Ж  Б  И  А  У  Г
С  Ц  М  Д  Я  Н  А  У  Ц  А  Я  Ф  Р  Н
Љ  Я  О  Ы  М  Н  Ч  Ч  Ц  Н  Ь  С  Т  А
Ю  Б  П  Ф  Г  Щ  Х  О  Щ  А  Ч  Ӯ  Ч  М
Ш  О  К  О  Л  А  Д  Ф  Н  Н  М  О  Х  И
Б  Р  О  К  К  О  Л  Й  И  Ч  А  Ц  Ю  І
В  Т  Щ  Ғ  К  К  Њ  И  Ы  Н  Ь  Ю  Ю  Ш
Ҳ  А  С  И  Б  Қ  Т  Р  Щ  Љ  Ч  Т  Б  Љ
```

СЕБ	БОДИНҶОН
АНГЕНОР	МОХИ
БАНАН	АНГУР
БРОККОЛЙ	ҲАСИБ
КАРАФС	КИВИ
ПАНИР	ХУЧ
ГЕЛОС	БИРИНЧ
ЧӮҶА	ПОМИДОР
ШОКОЛАД	ГАНДУМ
ТУХМ	ЙОГУРТ

11 - Chemistry

Њ	У	Ш	Ф	Р	Н	Н	Љ	Ш	И	Г	Н	К	Щ
Қ	Ы	Х	У	Ф	Ъ	Н	Я	И	Е	З	Е	Ъ	Л
О	І	І	Т	Т	Ы	Й	К	И	Н	А	Г	Р	О
Х	Ж	А	Р	А	В	О	С	А	Е	Г	И	О	И
К	А	М	А	Н	З	А	В	С	Р	Я	С	Л	Ш
Л	Њ	Р	Р	Ж	А	Й	Л	С	А	Б	К	Х	К
Н	Е	Г	О	Р	Д	И	В	И	А	В	О	І	О
О	Қ	Т	Л	Р	Ш	Д	К	К	Ғ	Ч	А	Д	Р
Р	А	Т	О	М	А	В	Љ	И	О	Н	Щ	Ж	Й
Т	У	Ю	Г	С	Г	Т	Ф	Е	Р	М	Е	Н	Т
К	К	А	Т	А	Л	И	З	А	Т	О	Р	М	Щ
Е	Л	У	К	Е	Л	О	М	П	Г	Ч	И	О	С
Л	Ъ	В	П	Б	Х	К	М	Л	Б	В	Х	Е	Ю
Э	Љ	Ш	С	І	Д	Ъ	Д	Р	Х	Ц	Н	Ъ	Ч

КИССА	ВИДРОГЕН
ИШКОРЙ	ИОН
АТОМ	МОЕЪ
КАРБОД	МОЛЕКУЛЕ
КАТАЛИЗАТОР	АСЛЙ
ХЛОР	ОРГАНИКЙ
ЭЛЕКТРОН	ОКСИГЕН
ФЕРМЕНТ	НАМАК
ГАЗ	ХАРОРАТ
ЖАРА	ВАЗН

12 - Music

```
С  Ъ  У  Ҷ  Щ  С  И  Ф  Ғ  I  Х  Я  Н  Р
Е  А  О  Д  Ҷ  Ц  О  Ғ  К  Т  Б  В  Б  И
Ь  Ф  Б  Е  Љ  Т  Ҳ  Д  У  Р  У  С  А  Т
М  Қ  Ж  Т  Ш  Ғ  А  Р  С  Ь  Ы  Х  Л  М
Н  Ш  И  Х  И  О  Н  Қ  И  Т  Я  М  Л  Г
А  Л  Б  О  М  П  Г  М  А  Т  Ҷ  О  А  Г
К  Ъ  А  Й  Ф  Е  Ш  И  З  Е  М  О  Д  В
И  Л  Ч  К  М  Р  Ь  К  Ш  П  Б  И  А  О
Р  Р  А  И  Д  А  Ч  Р  Я  Х  I  Ҷ  К  К
И  Љ  К  С  Л  Ю  Ҳ  О  П  Е  В  Е  Ц  А
Л  Р  И  У  С  Ц  Қ  Ф  К  М  Қ  М  Д  Л
Љ  Г  С  М  Г  И  Ҳ  О  Љ  Ж  Ю  Ь  Т  Ғ
Д  Е  У  И  Д  М  К  Н  О  Р  Ъ  О  Ш  I
Щ  Щ  М  I  Ф  Ч  Р  Й  Т  И  У  Б  М  М
```

АЛБОМ	МУСИКАЧА
БАЛЛАДА	ОПЕРА
УС	ШОЪРОН
КЛАССИКЙ	САБТИ
ОМЕЗИШ	РИТМ
ЛИРИК	РИТМИК
ОҲАНГ	СУРУД
МИКРОФОН	ПЕВЕЦ
МУСИКЙ	ВОКАЛ

13 - Family

Б	К	Ч	Ъ	Ш	Д	И	Ю	М	Б	Ы	С	І	К
Ф	А	Ь	Щ	Р	Љ	У	Ш	А	В	Х	А	Р	У
Г	Њ	Р	Н	А	З	М	Х	С	Х	О	Л	А	Д
Т	Ы	Қ	О	Ғ	Я	Ж	Х	Т	Р	Д	Х	Д	А
А	Ҳ	Ц	Д	Д	М	Я	Е	Ф	А	Н	С	А	К
М	Њ	Њ	Ч	В	А	О	Ф	С	Ч	Р	Њ	П	Њ
А	М	Ю	А	І	К	Р	Д	Б	Ы	Ф	Л	Б	Љ
К	П	Ы	Ш	Ч	У	А	У	А	П	П	Б	Ц	І
С	Б	О	Б	О	Ц	И	Ғ	І	Р	Ж	Ц	І	І
К	Н	У	І	Ю	Ч	Х	Х	Ғ	Ъ	С	Н	А	У
М	Ф	Ь	Я	Ш	Д	О	Ч	И	Я	Н	И	Е	О
У	У	О	Н	Б	И	Х	О	Ь	Ж	Я	Я	Н	Ҳ
А	Ъ	Р	А	Ы	К	А	Д	Ӯ	К	И	Ҳ	Г	А
В	Т	Л	Б	Ю	А	Р	Е	Б	А	Н	І	Д	Л

АЧДОН	ШАВХАР
ХОЛА	МОДАР
БАРОДАР	НАФЕЯ
КУДАК	НИЯН
КӮДАК	ПАДАР
ЧИЯНИ	ХОХАР
ДУХТАР	АМАК
НАБЕРА	ЗАН
БОБО	

14 - Farm #1

```
А Д П Р Ф Ъ Қ Щ Щ Ф Г Қ К М
Г А З А П С А Ж К У Д І П И
Н В М М Њ И А Ю Ч Н И Р И Б
В О Д А И Ш Б Г Д Ӯ В Г У К
Р Р Д Ъ Ғ А С А Л Г Ҷ К Ч Т
Љ А Д Й И Қ Ъ Я В Ц О А Б П
Л Х Б А А К И Ш О В А Р З Й
М К Г Х Ю М Г О В О Б У З С
Х Б У Т У Х М И Б Б М М Р Г
Ч Г Р Ц Ф Х И Ы Н У Р И И У
Е Е Б К Ч Д І М С Ф К Д С С
Ҳ Қ А У А Г К Њ І Т Я М Њ О
Ч Я Њ Ч Л Р Г М Я К Қ П П Л
Ҳ Ҳ Д Ф Ь Ь И Ц Л Љ Д Ж Х Г
```

КИШОВАРЗЙ	НУРИИ
БЕЕ	МАЙДОН
ГУСОЛ	РАМА
ГУРБА	БУЗ
ЧӮҶА	ХАЙ
ГОВ	АСАЛ
ЗАГ	АСП
САГ	БИРИНЧ
ХАР	ТУХМИ
ДАВОР	ОБ

15 - Camping

```
Х  С  Р  Ж  Ж  Я  Т  Х  С  Р  Н  Т  Ж  Х
Ғ  Љ  Я  У  У  Щ  І  І  А  У  И  Ҳ  М  А
И  Х  Р  М  Ь  Б  П  Ю  П  Ш  Б  Щ  Ч  Й
Т  Х  Ъ  О  В  Н  Р  Ж  М  И  А  М  Д  М
В  Е  Л  Х  А  В  К  С  О  М  К  Р  Љ  А
О  Г  Ч  Я  Ц  Њ  Ҳ  Ы  К  Б  А  Р  О  И
Ы  М  І  Ф  І  Н  Ю  Ш  Н  Қ  Н  Р  Ғ  Т
К  Њ  Ҳ  О  І  Њ  Ц  Қ  А  Р  О  К  И  Ш
Ь  Њ  Ғ  Ф  У  Г  Б  Щ  Т  Т  Е  Х  Л  О
О  Ж  Т  У  Ю  Е  Ц  А  И  К  О  М  А  Г
Б  Ж  Я  Н  О  М  С  Е  Р  К  У  Х  Г  Т
Т  А  Б  И  А  Т  К  Њ  А  Ғ  Н  Њ  Н  Ғ
Н  Ж  У  Т  Ъ  Ж  У  Љ  Х  Ч  О  Ғ  А  Б
И  М  Б  Ғ  Р  Д  Л  Ы  Т  Ж  М  К  Ч  Н
```

МОСКВА	ХАШАРОТ
КАБИН	КУЛ
КАНОЕ	ХАРИТА
КОМПАС	МОХ
ОТАШ	КУХ
ЧАНГАЛ	ТАБИАТ
ГАМОК	РЕСМОН
ХАТ	ХАЙМАИ
ШИКОР	

16 - Numbers

```
Ъ Ч Я К Х А Ш Т Ъ Р Б Я П М
Х А Д Р О Ч Х Т Е Ш Ф Ф О П
Ш А Ш Б Ш П Х Ф Д А Х Ҳ Н Ч
Л Ф Ж С Е З Д А Х Ж Ъ О З Х
Щ И Ч Д Ж Н Ы Ҳ А Д Х Ю Д Д
Н У Х О А Щ М А З Н А Н А А
Щ Ь Е Ь И Х Ғ Д У П Д Х Х Ь
Ҳ А Б Д А Ҳ У З Н А З Ҳ Й С
Б И С Т Ҷ А Ч Н Ш Н О Ҳ Љ К
Ғ І Д Ю Щ А Д О С Ч В Ҳ П Ч
Л У У Т Щ К Љ Ш О Е У Ш І К
У І Ю Ч О Р Р Қ Г Е Д Н Л М
Ъ Х Ф О Ҳ Е Г Х П Ҷ Н А Е Р
Б У Т Ы И Щ І К Б П Д М Ҷ Ш
```

ДАҲЙ	ҲАФТ
ХАШТ	ҲАБДАҲ
ХАЖДАХ	ШАШ
ПОНЗДАХ	ШОНЗДАҲ
ПАНЧ	ДАХ
ЧОР	СЕЗДАХ
ЧОРДАХ	СЕ
НУХ	ДУВОЗДАХ
НУЗАХ	БИСТ
ЯК	ДУ

17 - Spices

```
З Ц Ъ Ф О Ц Ы Г Т Я М Ь Қ Ғ
Қ А П С Ц Л Т О Т В С С І Ч
К Р Ф Г Ч Ю О Р И Г Н А З Р
А И Њ А Ь У І Х Т Қ Р С К У
Р З Е Л Р Я Л И Н А В Ф А Р
И У Е И Ч О Е Щ Ш Ҷ С П Р Е
Ӯ Б Я П О Ш Н Н С И Н А Д Д
Б Ш Р О Н Ҷ Е А С О Р Ю А Н
Д Ч Ч И Н Л Ф М И П Ч И М А
П А П Р И К А А Р И Г Љ Н И
К Ч Р В Њ Р Қ К Е Ё О В Њ Р
З А Н Ҷ А Б И Л Щ З Ц Ф Е О
Љ Ҳ Ы Њ Ҷ Е Т У Р М Е Р И К
Г Ш Ҷ Т Г А Ч Ш Ть Қ М И Р
```

АНИС	СИР
ГОРХ	ЗАНҶАБИЛ
КАРДАМ	ПИЁЗ
ДЧЧИН	ПАПРИКА
ЗАНГИР	ЗАФАРОН
КОРИАНДЕР	НАМАК
ЗИРА	ШИРИН
КАРИ	ТУРМЕРИК
ФЕНЕЛ	ВАНИЛЯ
БӮИ	

18 - Universe

```
В Щ П Г Ҳ М К О С М И К Х А
Ҷ О Н А К А О Р Б И Т А О С
А Я К Р Ғ Е В Н Х Ш А Ь Р Т
Д Ч Ь П Ю Ҷ Ю О О А К И И Р
У Д Қ Ц Ш Ы Н М М Р И Љ З О
Т А В Ш С Ь А С С Е Т Е О Н
И Е С К Г О М О Ғ Ф К С Н О
Т Ш Л Т Қ О О Ч Т С А Я А М
А С Љ Е Е Ҳ И Љ Ц О Л Л Щ И
Л Г Ь Д С Р Ш У Х М А И Х Я
О Ф Т О Б К О Б Д Т Г У Ъ Х
З О Д И Я Щ О И Ъ А Ы К Ф М
Н И М К У Р А П Д Б В Т Ц К
Ғ С О Л Н Ц Е С Т О Я Н И Е
```

АСТЕРОИД	МОХ
АСТРОНОМ	ОРБИТА
АСТРОНОМИЯ	ОСМОН
АТМОСФЕРА	ОФТОБ
КОСМИК	СОЛНЦЕСТОЯНИЕ
ГАЛАКТИКА	ТЕЛЕСКОП
НИМКУРА	НАМОИШ
ХОРИЗОН	ЗОДИЯ
ЛАТИТУДА	

19 - Mammals

```
Г  Ф  И  Л  Қ  С  П  Л  Ч  И  Р  А  Ф  З
К  О  Љ  О  П  К  Ч  П  Ж  Ҳ  Ж  В  К  Е
Ю  Е  Р  Е  В  И  Б  К  О  Й  О  Т  К  Б
Б  П  Н  И  Щ  Ц  Г  У  Р  Г  Ы  Љ  В  Р
Щ  А  У  Г  Л  П  Г  Д  Ш  О  Ч  Н  П  А
М  К  М  А  У  Л  А  Ы  Њ  Ӯ  Л  И  С  А
Х  Ф  Й  С  Г  Р  А  Б  Р  У  Г  Ц  А  Д
М  Т  А  Ҳ  И  Е  У  Н  І  М  Г  Р  И  И
А  Д  М  Ъ  У  Ш  Ю  С  Ғ  С  Њ  Ц  А  Т
І  Қ  В  Е  Ҳ  П  В  Д  Р  Љ  Ж  Б  Ц  Х
Р  Я  Д  Е  Р  Ш  У  Ъ  Ф  Љ  Х  Њ  В  А
Х  И  Р  С  Ғ  Д  Е  Л  Ф  И  Н  Ч  О  Н
Т  Ы  И  Х  М  Ф  Ъ  Љ  В  Д  Е  Њ  В  А
Г  Қ  Ю  Я  П  Ҳ  О  Ь  Ь  П  Њ  И  І  Ж
```

ХИРС	ГОРИЛЛА
БИВЕР	АСП
ГУЛ	КЕНГУРУ
ГУРБА	ШЕР
КОЙОТ	МАЙМУН
САГ	ХАРГӮШ
ДЕЛФИН	ОВЦА
ФИЛ	НАХТ
ЛИСА	ГУРГ
ЧИРАФ	ЗЕБРА

20 - Restaurant #1

```
Т  С  Б  О  Ч  Њ  Ь  К  Т  Л  І  Ч  О  П
Н  О  Н  Ы  К  Ф  Т  О  Е  Т  С  Ӯ  Љ  Г
Щ  С  А  В  Ҳ  А  Қ  С  З  М  Л  Ҷ  С  С
Р  О  Л  С  Ф  Б  К  А  И  Қ  Е  А  Н  Д
С  Ф  Е  Н  А  Я  Ф  Е  Ы  Қ  Х  Н  П  Ғ
Н  И  Р  Њ  Ш  Л  Ч  М  А  Ф  П  Х  Ю  Ч
Л  Ц  Г  В  Е  О  Ф  С  Ц  Ф  Щ  Ц  Щ  Қ
Қ  И  И  Я  Ц  Х  Ш  Е  Ч  Љ  В  К  У  Х
Б  А  Я  І  Ч  Ч  У  Х  Т  Р  Е  С  Е  Д
Т  Н  Ю  Ғ  Т  Љ  Б  І  О  К  М  Е  У  Щ
Ҷ  Т  Ы  Т  Е  А  Ь  Ғ  Е  Н  А  І  Л  О
Ъ  К  Љ  П  У  Ы  Ь  Љ  Т  И  А  Њ  Ю  І
Е  А  О  О  Е  Ы  Я  Ҷ  Г  У  Ш  Т  Њ  Т
І  І  К  Ц  А  Ц  С  Ғ  Н  К  О  Р  Д  О
```

АЛЕРГИЯ	ГУШТ
КОСА	МЕНЮ
НОН	САЛФЕТКА
ЧӮҶА	БОЧ
ҚАҲВА	СОС
ДЕСЕРТ	ТЕЗИ
ОШХОНА	ОФИЦИАНТКА
КОРД	

21 - Bees

```
Э Х Ь У Х Ф Қ Ъ М Х С Й О Р
Ч К А И Ш А Д О З Ҳ О Ш П Я
Щ Ж О Ш Ж А У П В Ѓ Њ Ф Ы Ъ
Т Ц М С А Ф Д М Ю Х В Ж Л А
Ч Ъ Ж Ч И Р Ҳ Р Љ Т Ъ И И Б
М Ч О Љ И С О Я Њ Ѓ Е О Т Ч
М П Ь С Н Т Т Т Х Ъ Б Е Љ
Б Е Љ Ъ У П Н Е Л О П О Л У
У Ч В Ф Г Л Б Ц М В У Г Ь Ь
Ж Ҳ І А О Р А В О А Д И О Ф
Л И Ф Ъ Н І Ч А Щ Н У М Т Р
Б Н Ъ Њ У К Ҳ Я Р І М У Қ П
Я Ы И Щ Г Г У Л А С А М Р Н
У Ф Ж К Ъ К Ъ Њ Ҳ М А Ҳ Л Љ
```

ФОИДАОВАР	ХАШАРОТ
ГУНОГУНИИ	ПОЛЕН
ЭКОСИСТЕМА	ОПЫЛИТЕЛЬ
ГУЛ	ШОҲЗОДА
МЕВА	ДУД
БОГ	РОЙ
АСАЛ	МУМИ

22 - Photography

```
Ч Ь К Н І У Ғ К К Ц Ц І Я Х
О Й Н А Ш В А Р К Е Љ Щ Х Ц
Ж Б Ҳ Ж М И Ы Њ О Р А С М И
Р Ы Ъ У Ҳ Е Г Н А Р Ъ К Р
Х Д Ы Е Б Л Р Щ Р С И Ё Х И
О У У И К Б В А А Н Т Ч Т С
Қ Л Қ Т Е Т И Ҳ С Қ Я К Б Ф
Ф О Р М А Т З Я Т Ҳ И Ъ С А
Ш Ғ К Ч Ы Ғ У Б Ҳ Е Н Е Ъ Т
С Ж Ф Н Х Х А С Н Ц О Ъ Ч Щ
Ғ О Ц Н Ж Ҳ Л Ҳ Я Ъ К Е Љ А
С Е Я Ы Т Р Ц Қ Т Қ М Ъ Б В
Г Е К Х М Ж Л Ь Ц Ф И Ғ Ц Љ
Ш С Њ Л О Т Е К С У Р А І Г
```

СИЁХ	ОБЪЕКТ
КАМЕРА	ИМКОНИЯТИ
РАНГ	РАСМИ
КОНРАСТ	СОЯХО
ТАФСИРИ	ТЕКСУРА
ФОРМАТ	ВИЗУАЛ
РАВШАНЙ	

23 - Sports

```
Г Д У Ч А Р Х А И Ч С Щ Б Њ
Ф И Ц Ғ Ч Ъ С Ф Е Ъ Т Ю А Қ
Б А М Њ Й Е К К О Х А Щ С Њ
Қ Е Г Н Д Щ М Д К Ф Д М К Х
К Қ Й Ь А А Х П Г Ғ И Ж Е Б
Ф Ж З С Ю С М Р И Д О И Т Б
І Ф О Я Б Ғ Т Я Л О Н Д Б О
Қ Ы Б С В О Ф И Ц Ъ Н Ь О З
Т Е Н Н И С Л З К И Ҳ А Л И
Ғ О Л И Б И О А Ю А Ч Г Т Н
У Х Б Љ Я Ч Г Н М Ж Ҳ Њ Њ Г
А У Ь Ф Е В К М Ж Е М Қ Љ А
Д А С Т А О Ғ И Ы Ҳ Е І С Р
Т Р Е Н Е Р Ш Г Њ И Њ А И Ғ
```

БЕЙСБОЛ	ГИМНАСТИКА
БАСКЕТБОЛ	ХОККЕЙ
ДУЧАРХАИ	БОЗИНГАР
ЧЕМПИОНАТ	СТАДИОН
ТРЕНЕР	ДАСТА
БОЗЙ	ТЕННИС
ГОЛФ	ҒОЛИБИ
ГИМНАЗИЯ	

24 - Weather

```
Х  О  Г  Д  П  М  Г  Ф  Ҳ  В  Г  Т  Р  Г
Я  У  М  А  Г  У  Д  А  Р  Ғ  Қ  Р  А  Б
А  Ь  Ш  О  Ҳ  С  Т  У  М  А  Н  О  Ъ  Х
Т  Р  Б  К  Н  У  П  Ж  Х  Ч  М  П  Д  А
М  Е  Ч  М  О  Н  Л  Н  М  У  Е  И  У  Р
О  Х  И  С  М  Л  Б  О  Д  И  Ш  К  Б  О
С  Т  Ч  Г  С  Ҳ  Й  Ҳ  В  Ъ  О  К  А  Р
Ф  Ч  Б  Е  О  Ч  Я  М  П  Х  Т  Ы  Р  А
Е  Б  У  Ы  Д  Г  Г  О  Ш  В  Н  И  К  Т
Р  А  Ҷ  І  А  Т  Т  Љ  Ъ  І  Б  Д  Љ  Ц
А  Р  Я  И  Н  О  Ф  Ӯ  Т  К  Ғ  Ж  Ҳ  Љ
Ж  Ю  Ъ  Ы  Р  Ю  Ч  Б  И  Р  И  З  Д  Ь
С  М  А  Ю  У  Н  Ю  Ъ  І  Й  Б  Т  У  Қ
Д  Х  Ҳ  Т  Т  Т  И  К  Л  И  М  А  Г  Ю
```

АТМОСФЕРА	ҚУТБЙ
БИРИЗ	РАДУГА
ИКЛИМ	ОСМОН
АБР	ТӮФОН
ХУШКОЛЙ	ХАРОРАТ
ХУШК	РАЪДУ БАРК
ТУМАН	ТУРНАДО
ЯХ	ТРОПИК
БАРҚ	БОДИ
МУСУН	

25 - Adventure

```
Ш Х Н А В И Г А Ц И Я Т Л Т
А Љ А К Ч П Д Қ А Ы П Ӯ Р Я
У С Ж В С Х Х Р О Л Ч Й Ж Ҳ
О М Л І Ф И Р Њ Б Ш Ц И С Е
П М Љ Ш Љ Н Б П М Л Ҳ З Ю Ц
Щ Ш В Њ А Р О Т Х Ӯ С Е Ф О
Н И Қ В А Р Й К Ч Ь Г Б Г І
Қ Д У Ш В О Р И Т В Љ О М Ъ
И У І Л А В Ё У Д А Х Й Д Г
П Я Қ Ц Н Ф Й Р Р Ч И Ъ У В
Ғ Њ Ф К Ғ І А Ю Я Ж П Б Ц Б
Х Ш Б О Ю Р Т Я И Л О Ъ А Ф
Ь Е П Ъ Ч Я И М К О Н И Я Т
Ҳ Я Б Г Б К Б Е Х А Т А Р Й
```

ФАЪОЛИЯТ	ТАБИАТ
ЗЕБОЙ	НАВИГАЦИЯ
ИМКОНИЯТ	НАВ
ХАВФНОК	ТАЙЁРЙ
ДУШВОРИ	БЕХАТАРЙ
СӮХТОР	ТӮЙИ

26 - Tools

I	В	Х	С	П	Д	В	Д	В	Қ	Л	Я	Ш	А
Ф	Х	Н	Р	Р	Н	А	Р	Д	Б	О	Н	И	К
Қ	А	Г	О	Қ	О	М	К	Ч	Ҳ	Љ	М	Р	С
П	В	К	Љ	Ц	М	Я	Қ	Ю	Ц	Е	Я	Е	Ж
Ҳ	О	Р	Е	Г	С	Љ	Р	Е	М	А	Х	Ш	Ъ
Ч	Л	А	К	Л	Е	Д	О	Х	Я	Х	Х	Е	Е
Ъ	Р	З	А	Е	Р	Ю	Б	Ч	Ю	Ь	С	А	М
Љ	Д	О	Ы	Б	В	И	Н	Т	Б	Р	П	Д	Ч
М	К	Р	В	А	И	К	А	Ч	Ч	Я	Б	В	П
У	Ж	О	О	К	Т	Д	Ч	К	Т	О	К	Ь	Њ
Ь	П	I	Р	И	Ъ	Ъ	А	Љ	А	Б	Њ	В	Ы
П	Ц	Р	Л	Д	Ы	Р	Р	Ж	Ч	Й	Г	Ч	Т
М	Д	I	Я	И	Ы	Љ	Х	Д	Х	Т	Ч	Х	В
Ж	I	Ғ	Љ	Я	Қ	Ч	Ғ	Е	Љ	Б	И	А	Ф

АКС	РАЗОР
КАБЕЛ	РЕСМОН
ШИРЕШЕ	КАЙЧА
ХАМЕР	ВИНТ
КОРД	ФАКЕЛ
НАРДБОН	ЧАРХ
АНБОР	

27 - Restaurant #2

```
Ф Ф Ь Љ Ъ Х Қ П Я Т І С Т П
Ш О Т Ф Г Қ Д Љ Ь Я Т С О Е
Ӯ Ц Р У Ч Ш У Т У Ы Б А Р Ш
Р Г Л К Р К О Ш О Х Я Б Т Х
Б О Б Ҳ Е А Љ И Қ С Ҳ З Қ И
О Г Х С Е М И Ъ У А Ю А Ъ З
Ш І Ч Ж Т А Ч С І Л К В К М
Х Ш И П С Н Ы В Щ А Я О Њ А
Ъ Ғ С С Ъ З Ш Ғ К Т Д Т Ш Т
Д И М О Х И Х Ҳ Ғ Ф М Ч Њ П
Ғ И П Г Е З Ғ Х С Љ Е Ҷ Ц Ю
Б Ж Х Л Д А В Е М В С Ҳ Ш С
Ҷ Қ М О Е Л Ғ Г Ҳ Њ Ц Ь П Ю
С Ф Ы У О П К Љ Щ Ҷ К Ю Қ К
```

ТОРТ	САЛАТ
РАИС	НАМАК
ЛАЗИЗ	ШӮРБО
ХОШОК	ҚУШҚ
МОХИ	САБЗАВОТ
ФОРК	ПЕШХИЗМАТ
МЕВА	ОБ
ЯХ	

28 - Geology

```
Ы Ч Х У Ф О С И Л К К Ц Ы М
Б Х Щ Р Щ Њ Ж Љ М А Р В Н Л
К О К Э Р О З И Я Л И Щ А Б
Т И Ъ В Р Г Е Т Г С С Х М Р
С А С П А Ъ Т И Ќ И Т Г А В
С Л Ш С В Р Ь А Н Й А О К У
Ш А Х Ы А Е Ц Н С О Л Р Г Л
О Р Н Н Л З Ц Я У Я Х Ь Х К
В О К Г Е Й Х Д Ѓ Њ О Ъ Л О
Д К Њ О І Е С У Ш У Љ Њ І Н
Л Ч Н Р Л Г О Ч С А Ы А Ю К
С Т А Л А К Т И Т Њ Ч Ц Ч Њ
П Л А Т А Л И З Л И З П Х С
С Т А Л А Г М И Т Ы У П Т Х
```

КИССА	ГЕЙЗЕР
КАЛСИЙ	ЛАВА
ГОРЬ	ПЛАТА
ҚИТЪА	КВАРЦ
КОРАЛ	НАМАК
КРИСТАЛХО	СТАЛАКТИТ
ЗИЛЗИЛА	СТАЛАГМИТЫ
ЭРОЗИЯ	САНГ
ФОСИЛ	ВУЛКОН

29 - House

```
Д О Л Ь Я Ч Ч А Ц А Д Ч А П
Ы Ч Щ Т Д Х О Н А И А О К А
Г К Е Ы У Т Н И Ф Қ В Р О Р
У Љ Ғ Р Ш И Њ М Д В О О Ш Д
Қ У О Х Д И Л А К Д Р Г Х А
У В Р К Ю А Қ К Х І А Н О Х
Т Њ А У И Щ К Г О К Н Р Н О
Т Қ Ч У П Т М Л Б Љ Ж О А Њ
И М А Ы Х Р О Е К Ы Ф В Ю Ю
И Ғ И Ч Г О Б Б К Я Ъ Е В Т
Л Г Ц Р А П Ц Е Х Е Ь Д Ҳ О
Ь Ғ Д Х Р Р Л М Т О Қ Б Ж И
Ф И Қ Ю А І У А Щ Е Н В Ф Н
И Е Ц Ъ Ж Ж Ш О Ц Щ Љ А Ы А
```

ЧЕРДАК	КАЛИДХО
ХОБ	ОШХОНА
ЧОРОГ	ЧАРОҒ
ПАРДАХО	КИТОБХОНА
ДАР	ОИНА
ДАВОР	БОМ
КАМИН	ХОНАИ
МЕБЕЛ	ДУШ
ГАРАЖ	ДЕВОР
БОГ	ҚУТТИИ

30 - Physics

```
И  Т  Н  З  У  Д  Й  К  У  Г  Ь  Љ  П  А
Ф  М  О  Ғ  Ғ  Г  Й  О  Ъ  К  Ҳ  Њ  Ч  Ю
Ж  Қ  Р  А  Т  О  М  В  Ж  Ш  Ъ  Ҳ  Қ  Х
Ф  З  Т  Ӯ  В  Л  З  Т  Я  И  Б  С  И  Н
О  И  К  Е  З  А  И  Т  Қ  И  С  С  А  Х
Р  Ч  Е  Л  Ь  Й  Т  Я  Ш  А  М  Л  Қ  А
М  И  Л  У  О  Л  Е  Љ  Р  Ю  Ц  И  П  О
У  И  Э  К  Т  С  Н  Н  У  Л  У  Қ  Х  С
Л  Ы  Ы  Е  З  А  Г  С  У  Р  Ъ  А  Т  Щ
А  Я  Щ  Л  І  Г  А  К  И  Н  А  Х  Е  М
Ч  С  Р  О  Т  О  М  Ц  Я  Д  Қ  Ю  І  Р
Ы  Я  Е  М  А  С  С  А  Ф  Л  Ь  Ж  Ч  Р
Т  Е  З  О  Н  Д  А  Н  Њ  Ж  Ҳ  П  Ч  Л
Д  І  Њ  Г  М  У  Қ  Х  Б  Қ  Х  Н  П  Ы
```

ТЕЗОНДАН	МАГНЕТИЗМ
АТОМ	МАССА
ХАОС	МЕХАНИКА
ХИМИЯВЙ	МОЛЕКУЛЕ
ЗИЧИИ	АСЛЙ
ЭЛЕКТРОН	ҚИССА
МОТОР	НИСБИЯТ
ФОРМУЛА	ИМРӮЗЙ
ЗУДЙ	СУРЪАТ
ГАЗ	

31 - Bathroom

```
П  Г  Љ  Ы  Ь  О  Ғ  Ҳ  Ъ  Е  К  А  Р  Ғ
Н  У  Б  О  С  Ч  Х  Ғ  Б  Д  А  Љ  Т  Г
Б  Њ  Р  Н  Е  Х  Д  Ю  Ь  Қ  Й  М  К  Р
Ҷ  Ю  Б  Б  К  О  В  Р  И  К  Ч  Б  П  Щ
Ш  І  Ц  О  О  Х  Г  А  С  М  А  А  Л  Р
Ҷ  У  Ф  Т  И  Л  У  И  А  Г  Ы  Ъ  Е  Б
Ш  Ғ  Д  Ь  Щ  Е  Х  К  Ч  У  О  Д  Н  Љ
К  Љ  П  Ж  Ж  Ҳ  Л  О  О  Б  И  Т  У  О
Ҳ  А  М  О  М  Ю  Ф  Е  К  К  Н  Я  П  Ш
Л  О  С  Ь  О  Н  Њ  И  Ю  А  А  Ъ  М  Ҳ
М  О  Р  Ҷ  Ь  Я  В  Т  У  Ь  Њ  У  А  Љ
Ю  Ҷ  Ц  Я  С  Щ  Х  Я  Е  Н  Т  А  Ш  Ю
А  Љ  Г  Ҳ  Б  Қ  Ы  Т  Г  Л  Ҳ  Б  О  О
Т  В  Л  М  М  Қ  Ю  О  Ж  Г  Ҷ  Щ  Л  Қ
```

ҲАМОМ	ШАМПУН
ПУРБОЛХО	ДУШ
ЛОСЬОН	СОБУН
ОИНА	ГУБКА
АТР	ҶУФТИ
КОВРИК	САЧОК
КАЙЧА	ОБ

32 - Dance

```
Г Ч Я Н Қ В Д Э Ф С Й Ч Ц С
А Н Ъ А Н А В Й Х Ш К К Р У
С Л Ф Д Қ К Њ К Л О И Ж Ч О
Ф А Ф А Ю Ш Я И Е О С Я Ю Н
О У Н Б Р П И С Ч С С И Т Х
Я З Ш Ъ Щ Ҳ Ф У Ч Х А М Я П
С И А К А М А М Ғ Г Л Е И С
I В Р Ы Қ Т Р Н А Ш К Д Н Ю
I А И Ф И И Г К Г Ч Я А А Щ
И Љ К Њ Ш Р О У Ҷ О Ы К Д Ь
Њ М Ю Ш Б Ж Е Р Р У Ғ А А В
I И В И С Е Р П С К Э Қ М Ю
А Х У Л К Ч О Т П Р Е I М Н
Р Ч К В П Я Х Њ Ҷ Ы Д Х Р Т
```

АКАДЕМИЯ	ЭХОСИЯ
САНЪАТ	ЭКСПРЕСИВИ
БАДАН	МУСИКЙ
ХОРЕОГРАФИЯ	ШАРИК
КЛАССИКЙ	РИТМ
МАДАНИЯТ	АНЪАНАВЙ
ФАРҲАНГ	ВИЗУАЛ

33 - Coffee

```
Ф О Д Ы Қ П Ҳ Г Р Р Ы Ю Љ Н
Ю И Ю П Я Ы Ц Ы С Ч Щ Н К Ъ
М Ц Л Т Ғ Е Ф Г Њ Ъ Б А Б К
Л У Р Т Ч М Ж К К Н Қ Р Л А
Ч Ч Т Ы Р А К А Ш Р Ъ Х К Р
С М Д Х Б С Ш Ы Д В Е А А Д
Ч Л Ы Ь Щ Ҳ Ъ И М С О М Ф А
Х С И Ё Х Р О Г Р Я М Ч Е Н
Н Л Б Б Ш У Б О Ҳ І Ҳ Ъ И Љ
Ж Т Ҷ Ы С Б У Ҳ И Ч Ҳ Ц Н У
Љ Л А С У Ҳ К Л Ъ Р С Ц Е В
І У Ь Љ Б Ю Г Ф Ғ Б Ѓ И Б Њ
Ѓ А Щ Ҳ Х Ҷ К Ғ В Њ Ю И Ӯ Х
Р Л Ю Х Ю О Ч И М Е Ы Г И Ғ
```

ГОРХ
СИЁХ
КАФЕИН
КРЕМ
КУБО
ФИЛТР
БӮИ

КАРДАН
МОЕЪ
ШИР
СУБХ
НАРХ
ШАКАР
ОБ

34 - Colors

С	У	Р	Х	Ы	Г	Ж	Х	Ё	И	С	Б	Н	Б
Ъ	Н	У	С	У	Т	Ю	Қ	К	Н	Қ	Я	Ъ	Е
Р	Қ	Ъ	А	О	С	Ц	Щ	Ю	О	Қ	И	Н	Ж
Қ	А	Ҳ	В	А	Р	А	Н	Г	Р	Ғ	Ш	Щ	Ш
С	А	Ф	Е	Д	Қ	У	В	Л	А	Т	Х	Ф	С
Ч	Е	Ц	Я	Я	Ж	Г	З	И	Н	Н	У	Ж	В
Щ	Х	В	Қ	С	С	С	Б	А	Ч	З	Ф	Ж	В
Х	О	К	И	Р	А	У	А	Ҳ	Й	О	А	Е	В
Б	У	Н	А	Ф	Ш	У	С	Ҳ	Њ	Қ	Ц	Р	Ъ
Р	А	Н	Г	Ч	Ғ	Ж	І	Ш	Ғ	Ш	Ь	Я	Д
Ҷ	Т	Б	Ю	П	К	А	Б	У	Д	Ю	Л	И	Ц
Н	К	Ҷ	С	Х	І	Я	Б	К	Д	Щ	П	У	Ш
Ш	Щ	Њ	Л	Қ	Қ	Т	Ҷ	Ь	Б	Ғ	Ю	К	Ф
Я	П	Ч	Н	Х	О	С	Д	Г	Г	М	Ю	Щ	Љ

АЗУР	ХОКИРА
БЕЖ	НОРАНҶӢ
СИЁХ	РАНГ
КАБУД	БУНАФШ
ҚАҲВАРАНГ	СУРХ
СЯН	САФЕД
ФУХШИЯ	ЗАРД
САБЗ	

35 - Shapes

```
Г  К  С  Њ  Њ  Ч  К  Ҷ  Э  Ш  Л  Ю  К  Ч
И  О  Е  Ѓ  П  Х  В  Н  І  Л  Ҷ  Г  У  М
П  Н  Г  М  Щ  Ж  Е  Ы  О  Е  Л  И  Р  М
Е  У  У  Я  З  Ғ  М  У  Ч  Ф  Г  И  В  І
Р  С  Н  Ю  Д  И  О  Ҳ  Ҷ  Н  У  К  П  Ф
Б  Щ  Ч  Д  Ҷ  Ш  Р  Х  Ф  И  Ш  Ч  Х  С
О  О  А  Щ  Ѓ  У  Ҳ  П  Ғ  И  А  Ю  Ю  В
Л  І  Ш  Ч  Я  И  А  Ж  О  В  И  О  Р  П
А  Ц  И  Л  И  Н  Д  Р  Р  А  Д  У  Г  А
П  О  Л  И  Г  О  Н  Р  Ф  З  В  Г  Ш  Д
Ъ  Н  Я  И  В  Щ  Г  Ж  С  Й  Ю  С  Љ  О
Ж  Ш  Ц  Ҳ  Щ  Б  Ъ  А  Ф  А  Р  А  Т  И
Р  О  С  Т  К  У  Н  Ҷ  А  Б  Т  Р  Т  Р
Х  Ж  Њ  Р  В  А  Л  Д  К  Х  Р  Р  У  А
```

ДУГА
ДОИРА
КОНУС
ГУШАИ
КУРВ
ЦИЛИНДР
КУНҶҲОИ
ЭЛЛИПС
ГИПЕРБОЛА

САТР
БАЙЗАВИИ
ПОЛИГОН
ПРИЗМ
АҲРОМ
РОСТКУНҶА
ТАРАФ
СЕГУНЧА

36 - Scientific Disciplines

```
П Г Т Њ Щ Д С М Ы Ж П Я Г Е
С Я И Г О Л О И З Е Н И К А
И Л Ю Б Ъ З Ц Н Б Ж Ч М Э Н
Х И Ю И Г О И Е О Х М И К А
О Н Ц О Е О О Р Т Я Н Х О Т
Л Г Х Л О Л Л А А В І О Л О
О В А О Л О О Л Н Щ К И О М
Г И К Г О Г Г О И И Њ Б Г И
И С И И Г И И Г Я Д Ж И Я
Я Т Н Я И Я Я И М И Х Ж Я Б
С И А Ф Я О У Я Ы Љ Н Р Б И
Д К Х Н Е В Р О Л О Г И Я В
Г А Е А С Т Р О Н О М И Я Ь
Ф И М М У Н О Л О Г И Я Н Я
```

АНАТОМИЯ	КИНЕЗИОЛОГИЯ
АСТРОНОМИЯ	ЛИНГВИСТИКА
БИОХИМИЯ	МЕХАНИКА
БИОЛОГИЯ	МИНЕРАЛОГИЯ
БОТАНИЯ	НЕВРОЛОГИЯ
ХИМИЯ	ПСИХОЛОГИЯ
ЭКОЛОГИЯ	СОЦИОЛОГИЯ
ГЕОЛОГИЯ	ЗООЛОГИЯ
ИММУНОЛОГИЯ	

37 - Science

```
Ф  П  Қ  М  Ғ  З  А  Р  Р  А  Х  О  Ф  Б
Ь  И  Х  М  О  Т  А  И  П  У  Ь  М  М  М
Ф  К  З  О  В  Л  З  Л  Р  С  У  Ҷ  Ш  Р
Н  А  Я  И  Ч  Ы  Е  Ш  Ҷ  У  Т  Л  Я  Я
П  Б  С  Ҷ  К  И  Т  К  Ж  Л  М  О  И  В
С  Ҳ  Щ  Ҳ  И  А  О  І  У  И  Ҷ  Б  С  Ю
І  Б  Ш  В  Ы  Т  П  Н  І  Л  Н  Я  Т  Е
Қ  Д  Қ  Й  В  Я  И  М  И  Х  А  И  Ю  Ъ
Љ  Т  К  А  Ф  Б  Г  Ж  С  Ш  П  Х  Л  Т
Л  А  Б  О  Р  А  Т  О  Р  И  Я  Г  О  О
О  И  Ф  О  С  И  Л  Њ  Д  Б  А  Ч  В  Ъ
І  Б  И  Қ  Л  И  М  Ц  К  Е  Ч  Ғ  Э  Ч
И  А  О  Л  И  М  Х  Т  Б  Ъ  Ш  Њ  Ц  Ж
Е  Т  Р  И  Р  Ь  Л  Х  Ғ  Н  И  Б  Ч  П
```

АТОМ	ЛАБОРАТОРИЯ
ХИМИЯВЙ	УСУЛИ
ИҚЛИМ	МОЛЕКУЛАХО
ЭВОЛЮТСИЯ	ТАБИАТ
ФАКТ	ЗАРРАХО
ФОСИЛ	ФИЗИКА
ГИПОТЕЗА	ОЛИМ

38 - Beauty

```
К Ч Х Л Б Ц А Ъ Р С Ш Ч М Ю
О В Е Ш Љ Х Љ П Н У П М А Ш
С К А Й Ч А Т С И Л И Т С Њ
М Т В Х Љ П Ф Я И У П Ж К Х
Е О Ы Њ Е Љ М О Д Г Ф Д А Қ
Т С У П Ж Ь У Ж Г Е С Х Р В
И И Ф О Т О Г Е Н И К Й А К
К И Я Ҳ Ф Х Н О И Н А Х Њ С
А Ў Г Х Ч Т А Њ П Қ Ы П Ф Л
Ю Б Ч О Е Т Р А Ч Л Х Д Н Ы
Ц Њ У Њ Б Њ Х Щ Ъ І Ь Қ В Ч
І Е Ц Р Њ Е Е Щ А А Е К Б А
Ь Д А Л Ц Ь З О М А Р Ф Ц Р
В Д Д Ц Щ Љ Г Л А К А М Т М
```

ЧАРМ	МАСКАРА
РАНГ	ОИНА
КОСМЕТИКА	ФОТОГЕНИКЙ
ЗЕБОГИИ	КАЙЧА
ШЕВО	ШАМПУН
БЎИ	ПУСТ
РАМОЗ	СТИЛИСТ

39 - To Fill

И	Б	О	Ч	К	А	О	Н	А	Ю	Е	Ҳ	Н	Ж
Ц	У	Д	Г	Ю	П	Ы	Ф	Р	Р	Ж	С	И	Ч
Ф	Ф	Н	У	П	А	У	П	Ъ	Ч	М	Ъ	Њ	К
Т	Е	Е	В	Ы	Е	Г	Њ	К	С	Ч	И	Њ	Ч
Ж	А	Ч	В	Ҳ	Ф	Г	Н	А	Қ	Е	И	К	П
Х	Ш	Ҳ	С	Ь	О	Ж	С	Ҳ	У	Ц	Ж	Ь	К
Ф	И	Л	Д	Е	Р	Д	Д	Х	Т	О	Ы	Њ	С
Л	Ш	Ч	А	В	О	R	К	Ч	Т	И	О	Ч	А
К	И	С	А	У	Г	О	О	Ч	И	Ъ	Е	Њ	Б
Я	Ф	Т	З	У	С	Б	Н	Т	И	Ц	Ҳ	Г	А
П	Ь	Ы	А	С	Њ	Ф	В	Ж	С	Б	У	Т	Д
І	Р	Њ	В	С	К	К	Е	Қ	Р	О	А	Т	Ч
О	А	Ы	С	Щ	Щ	В	Р	В	Ж	У	Ж	Г	Ъ
Ч	О	М	А	Д	О	Н	Т	С	Е	Ҳ	Р	В	Ц

БАГ	КОНВЕРТ
БОЧКА	ФИЛДЕР
САБАД	КИСА
ШИША	ЧОМАДОН
ҚУТТИИ	ТУБ
САТИЛ	ВАЗА
ЧАВОР	

40 - Clothes

```
Ж Е Њ К Љ Д Ц Б Ш Ж Г Ь Љ К
Е Қ Г У Ш І А Њ А А Т Р У К
Ж Н О Р П А Х С Д Ш Р К Я У
Ъ О Ҳ Т Л А П Б Т У М Ф Н Б
П Б К К Б Л У З А Б Ҳ А Т У
П Д А А Ъ Ғ И Ю Х Њ О П К Р
Я Ч Ш И М Л Ф Ч Я О Н Ц У
Т В Ӯ Ю Б К А М А Ж И П А Ф
Ч Ш П И А Ю Д Х Ю Ъ Щ Б Х Х
Ш Ҳ Т Ц Г Ы Н Л И Б О С І Ф
В Қ С Е А Ғ А Ғ Ч Д Б Я Ф І
М Н А Ц П Д С Ф С И С О Я М
И Е Д Л Х Ю В Т Р Ю Ж П Н У
Ь Я Ф Г Л Р Б Х Т Ж Х Ъ Ц Д
```

АПРОН	КУРТКА
ПОЯС	ПИЖАМА
БЛУЗА	ШИМ
ДАСТБОНА	САНДАЛИ
ПАЛТ	ШАРФ
ЛИБОС	КУРТА
МУД	БАШМАК
ДАСТПӮШАКҲО	ЮБКА
ХАТ	УБУРУ

41 - Ethics

```
И  В  И  Б  Д  Ж  Ю  В  Х  О  С  Р  И  Ц
М  Н  Т  М  Ҳ  И  С  Ы  К  К  О  Е  Ғ  Б
Қ  Д  Д  З  В  Ҳ  П  Ц  П  И  Ф  А  Ф  Е
М  М  З  И  У  Р  Т  Л  А  Л  И  Л  А  Ы
Л  С  Ы  Л  В  О  Л  Ғ  О  С  Я  И  Щ  У
Ш  А  Р  А  Ф  И  П  О  Б  М  Т  З  Қ  Б
П  Ф  Б  Н  С  Ғ  Д  Т  К  Л  А  М  Ю  Й
Р  А  А  О  Ъ  Я  М  У  И  С  Ю  Т  Қ  Р
О  С  С  И  І  Ж  А  Л  А  М  Ғ  Ц  И  О
С  Л  Ж  Ц  Б  К  Х  В  Д  Л  И  В  Ф  К
С  А  Ҳ  А  У  Р  С  О  Ю  Љ  И  З  Ф  М
И  Ф  И  Р  Ц  Ҳ  У  Ф  Љ  А  Н  З  М  А
Я  Я  К  И  Ъ  Ь  С  Ч  Т  Ж  Х  К  М  Х
Қ  Ж  Л  П  Б  И  Н  С  О  Н  И  Я  Т  Ч
```

АЛТРУИЗМ	СОФИЯТ
МАХСУС	ОПТИМИЗМ
ХАМКОРЙ	САБР
ШАРАФ	ФАЛСАФА
ДИПЛОМАТИК	РАЦИОНАЛИЗМ
РОССИЯ	РЕАЛИЗМ
ИНСОНИЯТ	ОКИЛ
ИНДИВИДУАЛИЗМ	ҲИКЛ

42 - Insects

```
Ш О Н Ъ Н Ь Х Ш Л Н Б Ч Н А
Г Ч О Щ Я Р І Л Ь Х Л Х Ж Г
Л Ш Љ Е Њ Њ Б Ѓ Е Њ О Х Љ Ш
Ф Ю С Т И М Р Е Т В Х О О Р
К Г Б Я А Д А К И Ц А Ы Х І
Ш У Ы И Х Р Х О Н У Н Б А Г
А Щ З С Т Р О М М Т Я В Д Ч
П Њ К Н І Л Ч Н Ъ Л Ш Б Ж Х
А Ц Ы С Е Щ Е Щ А Я Д Ы А Ч
Л У О С А Ч Ъ Ч К К А Ш А М
А Н І Ш Я Н И Б Я Я И Х М Р
К А М Р И К Ш К Љ К В Щ Х И
П Ж Ь О Ч М А Н Т И С Ѓ Д К
Б Е Е Ы А Я К В Ъ Њ Т У Х С
```

МОРТ	КУЗНЕЧИК
ТЛЯ	ХОНУНБАГ
БЕЕ	КИРМАК
БИТЛЕ	МАНТИС
ШАПАЛАК	МАШАК
ЦИКАДА	ТЕРМИТ
ТАРОНАК	ОСА
АЖДАХО	КИРМ
БЛОХА	

43 - Astronomy

```
Ҷ  Е  Љ  Ѓ  Г  Р  А  С  А  Д  Х  О  Н  А
Ю  И  Я  Т  В  А  Н  О  Р  Т  С  А  Ҳ  Р
Х  Ж  Н  Ҳ  Ѓ  І  Л  А  Ѓ  М  М  Њ  Ц  А
Д  И  О  Р  Е  Т  С  А  Р  Ё  Й  А  С  В
Р  А  Д  И  А  Ц  И  Я  К  Ч  Н  Д  М  Н
Ш  Ъ  Т  Е  К  А  Р  О  Е  Т  Е  М  О  О
Я  Т  К  Њ  Н  С  О  Њ  М  Ш  И  Ъ  Х  Д
М  Ҷ  Г  Д  А  О  С  М  О  Н  К  К  Ы  Е
Б  Ф  Ч  Ч  Б  Ҳ  О  Т  Н  И  О  И  А  Н
Е  У  І  Я  У  Щ  А  А  О  М  С  Н  Я  С
Ю  Х  Р  Х  Л  Ъ  Њ  Ф  Р  А  М  Т  Б  Т
Ц  У  Қ  Ч  А  К  Я  П  Т  З  О  У  Ю  В
Ъ  Д  Қ  П  Ҳ  П  Ч  Р  С  Ю  С  П  О  И
З  О  Д  И  Я  О  Ф  Ы  А  Ш  М  С  Ш  Е
```

АСТЕРОИД	МОХ
АСТРОНАВТ	НАБУЛА
АСТРОНОМ	РАСАДХОНА
БУРҶҲО	САЙЁРА
КОСМОС	РАДИАЦИЯ
ЗАМИН	РАКЕТ
ЧИН	СПУТНИК
РАВНОДЕНСТВИЕ	ОСМОН
ГАЛАКТИКА	ЗОДИЯ
МЕТЕОР	

44 - Health and Wellness #2

```
А  М  Д  И  Е  Т  Ж  Э  С  Я  Ы  Д  Д  У
Т  Л  А  Ш  І  Қ  Д  Н  И  М  А  Т  И  В
Ш  Ф  Е  С  Ч  Л  Қ  Е  Е  Г  Ю  Ы  Ф  Е
И  Қ  О  Р  Ҳ  Г  Х  Р  К  Н  А  Ч  П  П
С  Я  Ы  А  Г  Ф  У  Г  Т  Ъ  К  Х  Я  С
К  И  Њ  Й  Е  И  Н  И  У  Ю  И  Р  И  Т
Р  С  Р  Ж  К  Я  Я  Д  Ы  Т  Ҳ  Р  Р
Ъ  А  Н  О  Х  Р  О  М  Е  Б  Е  Ъ  О  Е
Ғ  Р  З  Г  Я  И  М  О  Т  А  Н  А  Л  С
Б  Д  А  О  Г  Т  Г  И  Г  И  Е  Н  А  С
О  Е  В  З  Ҳ  П  И  Я  П  Ж  Г  Ҳ  К  К
Ь  Б  Л  И  Р  О  М  Е  Б  Т  И  В  Д  Ы
Қ  О  Ч  Ғ  У  Қ  Щ  Р  Ю  Ҳ  И  Ц  Ь  Щ
Б  А  Р  Ч  О  М  О  Л  А  С  У  Ы  Ғ  Т
```

АЛЕРГИЯ	САЛОМ
АНАТОМИЯ	БЕМОРХОНА
ИШТА	ГИГИЕНА
ХУН	СИРОЯТИ
КАЛОРИЯ	МАСҲ
ОБЕДРАСИЯ	ҒИЗОГОРЙ
ДИЕТ	БАРЧОМ
БЕМОРИ	СТРЕСС
ЭНЕРГИЯ	ВИТАМИН
ГЕНЕТИКА	ВАЗН

45 - Time

```
Р  С  А  Қ  Х  Р  С  О  А  Т  Ш  Ц  А  О
В  У  Љ  В  Ц  У  Т  Л  Л  О  Ю  Я  І  И
Ғ  Б  Ю  Ж  В  З  Ҳ  О  О  І  Ж  Я  Ж  Б
Б  Х  Ф  Ш  Ч  А  А  Ҳ  С  Щ  Т  Д  Е  Ш
Д  А  К  И  К  А  Л  К  Х  Ч  І  Т  У  О
Ч  Л  Ш  Ю  Ь  У  Т  У  А  Ш  Ь  І  А  К
Д  С  Х  М  Х  Љ  А  П  Д  Н  И  С  М  И
О  О  Ж  С  А  Ю  Қ  Ш  Г  Н  Ъ  Ж  Щ  О
К  Л  Б  О  Ф  Х  В  Њ  К  Т  У  Р  Щ  Я
Ы  Ц  Њ  Л  Т  П  И  Х  Ъ  Б  Е  З  Щ  Н
Ф  Б  Ғ  О  А  Я  М  Г  И  М  Р  У  З  Д
Ш  М  І  Н  В  О  Н  І  Ч  Х  Ъ  Р  А  А
Л  О  Т  А  Ю  Ъ  І  Ч  Ц  Ц  О  И  В  Р
И  Х  Г  Ы  У  Ц  І  Щ  Ҳ  А  Н  Д  Л  А
```

СОЛОНА	МОХ
ТО	СУБХ
ТАҚВИМ	ШАБ
АСР	НИСМИ
СОАТ	ҲОЛО
РУЗ	ИМРУЗ
ДАХСОЛА	ХАФТА
АВВАЛ	СОЛ
ОЯНДА	ДИРУЗ
ДАКИКА	

46 - Buildings

```
Л А Б О Р А Т О Р И Я К Ҳ Б
С Т А Д И О Н Н Ъ С Я А А Е
Б И С А Ф О Р А Т У К Б М М
Г А Ҳ Т Л Ж В С Ь П М И В О
О М Р Ч Т Х Њ Я У Е Е Н О Р
Р Й Х Н Х Е С О Т Р Х И Р Х
Б А Т К А М А Ф Қ М М Г О О
М Х С Ж Ц Ж И Т Ф А О Ҳ Н Н
А В Ф А И О С Щ Р Р Н М А А
Т Ғ В Ц Д М Ы А Ҳ К Х У М Љ
Қ А Л Ъ А Х Е Т Ь Е О З Б Х
Т Ь Ҳ О Г Б О Х Ф Т Н Е Т Қ
Т І П А Ы Т О Н И К А Й Ь Д
З А В О Д Ғ Щ Ю А Ф Г Ф В Я
```

ҲАМВОР	ЛАБОРАТОРИЯ
БАРН	МУЗЕЙ
КАБИН	РАСАДХОНА
ҚАЛЪА	МАКТАБ
КИНО	СТАДИОН
САФОРАТ	СУПЕРМАРКЕТ
ЗАВОД	ХАЙМАИ
БЕМОРХОНА	ТЕАТР
ХОБГОҲ	МАНОР
МЕХМОНХОНА	

47 - Gardening

```
Т  Н  У  Л  Щ  Я  К  Л  Г  Н  Щ  Ф  Ш  Ь
Г  У  Л  Д  А  С  Т  А  З  А  Р  Ф  Ц  У
Х  Х  Л  Ж  Ф  И  М  Х  У  Т  Я  У  Б  С
Ҷ  У  О  Б  Г  Қ  Ж  Х  Г  Ь  А  Ч  Ф  Љ
Ы  Г  Р  А  Б  Л  М  Х  Н  Н  И  Ы  В  Қ
Е  Е  Х  Д  Д  И  М  И  С  В  А  М  Ҷ  І
У  Й  Ы  Ғ  А  М  І  Р  Л  М  Х  Л  Ы  Ц
А  К  Х  Х  Н  Н  Ж  К  Н  В  Щ  О  Ш  А
Б  О  Т  А  Н  И  К  А  Қ  Е  Х  Й  Л  К
Н  Н  Х  К  Н  Д  Ц  Л  Ы  Љ  Х  У  В  К
Ъ  М  К  Г  Э  К  З  О  Т  И  К  Ю  Ч  Х
Ш  А  Е  М  Р  Щ  С  Н  Ж  Г  П  Ы  Ц  Ч
М  Н  Ц  С  Б  А  Ҷ  Л  Ь  І  Ц  І  Ч  М
Х  Ф  Ю  Т  Ф  К  Б  С  Ж  Г  П  Л  Ц  Ь
```

БОТАНИКА	БАРГХО
ГУЛДАСТА	ШЛАНГ
ИҚЛИМ	БАРГ
ЗАРФ	НАМНОКЙ
ЛОЙ	МАВСИМИ
ХУРДАН	ТУХМИ
ЭКЗОТИК	ОБ

48 - Herbalism

```
Қ  Е  Љ  П  Ъ  Т  Я  И  К  Б  Е  Љ  П  Г
Қ  М  И  Е  К  Ы  С  К  Б  М  Ш  Њ  С  Ъ
Ь  Ш  Х  Т  Л  У  Д  Ц  А  В  Н  Г  С  П
У  С  Я  И  Ӯ  Б  Л  О  Х  И  Н  Б  Ж  І
Ю  Ь  Ч  Ш  Т  Н  Е  И  Д  Е  Р  Г  Н  И
Б  Н  Т  И  Т  Н  А  Д  Н  А  В  А  Л  А
Т  А  Т  Я  М  И  Н  О  Р  А  Ф  А  З  Р
А  Р  С  Р  О  З  М  А  Р  И  Р  Ь  Љ  О
Р  О  І  И  С  А  Б  З  І  Ю  Т  И  Қ  М
Р  Й  Е  Ф  Л  У  Г  Н  С  Ч  В  О  Я  А
А  А  І  Ы  Е  І  О  Қ  Ф  И  Н  Ь  Ь  Т
Г  М  Г  Љ  Н  А  Б  Ф  Х  Б  Р  А  Б  И
О  Г  Қ  М  Е  О  Р  Е  Г  А  Н  О  Т  К
Н  І  Қ  Ж  Ф  Ф  О  И  Д  А  О  В  А  Р
```

АРОМАТИК	ИНГРЕДИЕНТ
БАСИЛ	ЛАВАНДА
ФОИДАОВАР	МАЙОРАН
КУЛИНАРИЯ	МЯТА
ФЕНЕЛ	ОРЕГАНО
БӮИ	ПЕТИШИ
ГУЛ	НИҲОЛ
БОГ	РОЗМАРИ
СИР	ЗАФАРОН
САБЗ	ТАРРАГОН

49 - Vehicles

Ъ	Ч	В	Ҷ	Ь	Ю	С	Ш	С	М	Е	Т	Р	О
Ғ	Ъ	И	Б	Ю	С	Ж	Ц	И	К	К	Р	Ц	Б
А	И	Ш	Ж	Ҳ	М	Ғ	К	Р	Н	У	Л	Љ	Щ
Ч	А	Р	Х	Б	О	Л	О	И	А	А	Т	Ы	В
Ғ	Ь	О	Р	Ц	Р	Љ	Р	Б	В	Б	Х	Е	Ж
Н	Н	Ғ	Ц	А	А	В	В	О	Ҷ	Д	Ъ	О	Р
В	М	Ъ	Д	А	П	Ж	О	И	Т	А	К	С	И
М	О	Т	О	Р	Н	Е	Н	И	Е	Ь	М	С	О
Р	О	Ҷ	Ю	Т	Р	А	К	Т	О	Р	О	А	В
Ь	А	У	Ш	Ф	В	Ц	Ю	Ш	М	Ф	Ш	М	Ц
Ҷ	В	К	Б	А	Я	С	Г	И	О	У	И	О	Т
Ц	Ъ	А	Е	Р	С	Ш	Ҷ	К	Ш	Ъ	Н	Л	В
Ф	Щ	Ь	К	Т	О	У	Щ	Д	И	Х	И	Ё	А
Д	У	Ч	А	Р	Х	А	И	Њ	Н	Е	И	Т	О

САМОЛЁТ
ДУЧАРХАИ
МОШИН
КОРВОН
ПАРОМ
ЧАРХБОЛ
МОТОР
РАФТ
РАКЕТ
СКУТЕР
КИШТИИ ОБИРИ
МЕТРО
ТАКСИ
ШИНАХО
ТРАКТОР
МОШИНИ
ВАН

50 - Flowers

```
Ь Ъ Ы Њ Р Д А Ҳ Г Т Д Ѓ Ж К
Ы Ж Е Н И О Ь М И Л А Т Е П
Я О Ч Е Ь О Я Ш Б У Н Д Я Ѓ
Л О Л А Т Ѓ И К И І Д П Е Љ
П Т В Я Њ Щ Н Я С Х Е О Д Б
М Ф Љ Ч Я Ь Е И К С Л Д И Ф
Ж А А Т С А Д Л У Г Ь С Х А
Ч Ќ К Љ Ф К Р О С Щ О О Р С
Д А Й С Т А А Н С О Н Л О В
Ю Ф Љ Е М Ы Г Г Ҳ Х И Н Ч Љ
Л А В А Н Д А А И Л М У Ь Я
О Љ У Ф Ч Ш Д М Е Ш С Х Љ М
П Е О Н И Њ Щ Ҳ Ц Х Я Л Ҳ Ѓ
Щ Л Љ Щ Д Е Д Р Р Г Ч Ҳ Ж И
```

ГУЛДАСТА
БЕДА
ДАЙС
ДАНДЕЛЬОН
ГАРДЕНИЯ
ГИБИСКУС
ЯСМИН
ЛАВАНДА

МАГНОЛИЯ
ОРХИДЕЯ
ПЕОНИ
ПЕТАЛ
МАК
ПОДСОЛНУХ
ЛОЛА

51 - Health and Wellness #1

```
Л Д Б Ѓ Н І Ш П Ҳ Ф Ҳ Ф Я У
Љ Е К А С Ч Ж Т Њ Ч Ф А Л С
Ю П И Ю К Ф Р П А С Ы Ъ Л Т
Ж У Н Р Е Т С У П Б В О Њ У
Ҳ Т І Д Л А Е Љ Ҳ Ч О Л Ш Х
Ѓ А Ц Е Ф Д Г Р Я Ъ У Б Ѓ О
М Т Љ Р Е О Љ О И Я Щ Ц А Н
О Х С У Р И В Х П Я Я Л Т Т
А О Е Қ И И Д Н А Л А Б Ч Қ
К Л И Н И К А О Р О Д А Қ Щ
Ш И К А С Т М М Е І Я М В К
Н Н Қ Х Ж Ч Б Р Т Л С Н М Ж
О У Ы Р Щ Б Л О Д У Х Т У Р
Г У Р У С Н А Г И Ц Ш О Ю К
```

ФАЪОЛ	ГОРМОНХО
БАКТЕРИЯ	ГУРУСНАГИ
УСТУХОН	ДЕПУТАТХО
КЛИНИКА	РЕФЛЕКС
ДУХТУР	ПУСТ
ШИКАСТ	ТЕРАПИЯ
ОДАТ	ТАБОБАТ
БАЛАНДИ	ВИРУС

52 - Town

```
Д Е П У Т А Т Х О М С П М С
Б О Н К Щ М Д М М А Т Л Е У
Д О Н И Ш Г О Ҳ И Г А Њ Х П
Б А Э Р О П О Р Т А Д Т М Е
О Н М П К Д С К Ғ З И Е О Р
З О А Ї Д Ю У С Ы И О А Н М
О Х К К Б И Р Ъ Њ Н Н Т Х А
Р Б Т И Щ О Њ Г И Е Я Р О Р
І О А Р Њ Г А Л Е Р И Я Н К
Ф Т Б О О П Е К А Р Н Я А Е
І И И Т Щ К Л И Н И К А Ғ Т
Љ К К И Н О Л В Б Ғ Ш Ч Ц Љ
К Ғ Х І Й Е З У М Е Б Џ Ь Щ
Ж Ч Г Ы И Н Щ Щ Г Ч А В У Т
```

АЭРОПОРТ	МУЗЕЙ
ПЕКАРНЯ	ДЕПУТАТХО
БОНК	МАКТАБ
КИНО	СТАДИОН
КЛИНИКА	МАГАЗИН
ГУЛКОР	СУПЕРМАРКЕТ
ГАЛЕРИЯ	ТЕАТР
МЕХМОНХОНА	ДОНИШГОҲИ
КИТОБХОНА	ТОРИКЇ
БОЗОР	

53 - Antarctica

```
Н И М Ч А З И Р А С К Ч И М
П И Р Я Х Х О І Ж Л У Њ Л У
Ъ І Х А Р О Р А Т У Њ Ғ М Х
Қ У Т О П О Г Р А Ф И Я Й О
І Ж И А Ю Я Ғ Қ Ж Ғ Қ Њ А Ч
М У Х А Д Д И К И Њ Х Т Б И
Ҳ И Ы П Ҳ Ф К Ф Ғ Т Я Х О Р
Н С Ю М А П К Ю О Ч Ъ И Ж А
Њ С Б Ч А Р О Т П Р Я А М Т
Ъ Е Е Б Е Ъ Р А Ю Д Ғ Т С И
Ю Я Ю Ю Љ Г А А Ъ А Е У Ж Ҳ
И Т Ш Ф Ч П Б Х Н Т Б Љ Ч У
М Љ Б Р Х Ъ Р Ц Ы Д Ж Т Х М
Э К С П Е Д И Ц И Я А Н Ш Ы
```

БАЙ	МУХОЧИРАТ
ПАРРАНДА	НИМЧАЗИРА
АБР	МУХАДДИК
ҚИТЪА	РОККИ
МУҲИТ	ИЛМЙ
ЭКСПЕДИЦИЯ	ХАРОРАТ
ЧУҒРОФИЯ	ТОПОГРАФИЯ
ПИРЯХХО	ОБ
ЯХ	

54 - Ballet

```
Ш Я I Ю Т М Т И Р Р Н Ғ Љ Б
Њ И Н П Б Ч У Б С В Д Ы Џ А
Л Ф Д Ж Қ Н О С О К К А Р С
Џ А Ж Д Е Ч Ч У И Д Ъ А Б Т
Г Р М Л А И Ь Д Ц К Я Ь Ж А
Ы Г К Ф Л Т А Е П Я Й Л Л К
В О Э К С П Р Е С И В И Љ О
Қ Е Ы Ц Ч И О Т Щ А У Т Ж Р
Т Р Ъ В Ч Е Ш Т С В Қ С Т Л
Ғ О И Қ Я Щ И Ы Д Е Ч Ф М Х
Д Х Т Е Х Н И К А Ч К I Щ Ъ
Ғ Б Д Љ Х Ц Л Љ Ъ Ы Я Р Б У
Ю Љ Е Љ Љ Љ Ц Љ Е А Ю Д О А
Ф Я У Ғ Г Ғ Љ Б Д Л Л Т Ч Ц
```

БАЪДИ   ШИДДАТ
ХОРЕОГРАФИЯ   МУСИКЙ
БАСТАКОР   ОРКЕСТР
РАККОСОН   РИТМ
ЭКСПРЕСИВИ   СТИЛЬ
ИШОРА   ТЕХНИКА

55 - Human Body

```
Ч  Е  Х  Р  А  М  М  Д  Ю  Е  Е  У  З  М
Н  Љ  Р  Ж  Ш  Т  Н  А  Д  Р  А  Г  О  А
И  А  Н  Г  У  Ш  Т  Х  А  О  Ы  В  Н  Г
Р  Н  М  Ц  Ф  Ч  Ь  О  С  К  У  Т  У  З
О  Р  С  А  Њ  Ф  Х  Н  Т  Ш  Х  С  Х  К
Ь  Ъ  Ы  К  Р  Ч  Н  И  Ч  Н  Қ  У  А  А
Я  Қ  Ю  И  И  Ы  О  В  П  Б  Х  П  К  Р
Љ  Х  М  Ц  Ц  Ы  Х  Ш  Х  Қ  Қ  Л  И  Д
Х  Р  Љ  П  І  І  У  У  Т  А  Ғ  О  Т  Т
Ч  Ц  Ъ  Ц  Ъ  Ч  Т  Г  Н  Ф  Ц  А  Ф  Щ
Д  Т  Ю  Л  С  М  С  Ч  І  Б  Ф  Д  Ж  Е
К  Љ  У  Њ  Т  Ғ  У  А  П  Е  И  Я  Х  І
Я  Њ  Ъ  Ы  Т  Қ  Ш  Х  М  Х  Р  Н  Ы  Ъ
П  О  Й  К  Н  Ғ  Х  Ф  Я  Ф  П  Х  И  Л
```

ТАҒО	САР
ХУН	ДИЛ
УСТУХОН	ЧАХ
МАГЗ	ЗОНУ
ЧИН	ПОЙ
ГУШ	ДАХОН
ОРИНЧ	ГАРДАН
ЧЕХРА	БИНИ
АНГУШТ	КИТФ
ДАСТ	ПУСТ

56 - Musical Instruments

```
С Ж М С К Р И П К А Т Қ Л Д
М Ю Љ А Н И Л О Д Н А М С И
Г Ц О Щ Р Ж Ц Ж Ѓ Љ М Е Ч Ж
О О Ш Ъ М И Б О Ш А Б Е А М
Н Ь Н О Т Ш М Б Д Н У О А Қ
Р Ч У Г Н Н О Б М О Р Т Ф М
Б А С Њ Г Х Р Ц А П И О С Г
Т Е А Ж Г И Т А Р А Н Б А А
Я Р Б Х І Щ Е Т Л Х П О К Щ
Ь Ч У Е Г И Н Ю У М И Е С В
Ц Х А Б Г І Р Л Ш Ж А Љ О Ф
Қ Қ Ч Ь А Ъ А Ф Р А Н Ц Ф Ь
Ь Л Е Ч Н О Л О И В Н Ю О Қ
Б А Н Ч О Б К И Қ О О Ю Н Н
```

БАНЧО	МАРИМБА
БАСУН	ОБОЕ
ВИОЛОНЧЕЛЬ	ПИАННО
КЛАРНЕТ	САКСОФОН
ФЛЮТА	ТАМБУРИН
ГОНГ	ТРОМБОН
ГИТАРА	ТРУБА
АРФ	СКРИПКА
МАНДОЛИН	

57 - Fruit

```
П Х Ж П Г Ш Х О Г Т Х Х Я Ь
С А Н А Н А Х Н Е А Љ Ч Т О
О Ю П Ѓ С К У Г Л М У Ю О С
К Г Љ А Х И Ы Њ О А Т Д Ъ Г
О Л П К Я С Г И С Ш Қ Ы С Ю
К С З У Б Р А Х Ф К Д Ь Ф Ю
В Е Ъ Д У Е Ф С С Я Х С М А
Л Б Я Л Л П Р Љ Щ М Ғ І М В
Ғ Д Њ К О Н И Р А Т К Е Н А
Ь Х А Б Д Ч Ѓ Љ И Х Ю Б Б К
Г О Ю В Р У Г Н А Ч С Я Т А
К И В И А Н Б А Х Қ И Ч Њ Д
Љ К І Х З У Л И М Ӯ Ы В Ғ О
Г А Н Ч И Р Г Б А Н А Н В Е
```

СЕБ	КИВИ
ЗАРДОЛУ	ЛИМӮ
АВАКАДО	АНБАХ
БАНАН	ХАРБУЗ
БЕРРИ	НЕКТАРИН
ГЕЛОС	ПАПАЯ
КОКОС	ПЕРСИК
АНҶИР	НОК
АНГУР	АНАНАС
ГУАВА	ТАМАШК

58 - Engineering

Э	Ы	Р	О	Ч	Щ	Т	Ч	Л	Х	У	Қ	Ц	Н
Қ	Н	И	Ш	О	М	Щ	Д	Е	У	С	Ч	Х	Х
М	О	Е	У	У	Ю	Н	Р	З	Қ	Т	Ч	Њ	Ф
О	М	Д	Р	Т	Е	М	А	И	Д	У	А	Ч	В
Е	Т	П	И	Г	Р	Ъ	В	Д	С	В	Х	И	Ч
Ъ	Х	Њ	Т	А	И	Ь	Ҳ	Ғ	Б	О	С	И	Х
О	О	Г	Ц	Е	Г	Я	Е	I	Ф	Р	Х	М	Ъ
Ч	С	Г	У	Р	Ч	Р	М	А	Њ	Й	Д	Т	Х
Ц	Е	Ш	Ы	Х	Ы	О	А	Т	А	К	С	И	М
Ц	Я	Н	А	Ы	С	Т	Г	М	К	Н	С	У	У
Ч	Ы	Г	К	Ғ	Ы	О	Н	Д	М	Е	Ъ	Ч	М
Њ	Е	Щ	В	У	Д	М	С	Ь	Ж	А	I	Ғ	Р
Ғ	I	Ҳ	У	Л	Н	С	О	Х	Т	О	Р	И	Ш
Ъ	Ҳ	Г	К	Ч	Қ	Й	А	Ж	С	К	Е	Њ	У

ГУРЧ	ТАКСИМ
МЕҲВАР	ЭНЕРГИЯ
ҲИСОБ	МОЕЪ
СОХТМОН	МОШИН
УМР	ЧЕНКУНЙ
ДИАГРАММА	МОТОР
ДИАМЕТР	УСТУВОРЙ
ДИЗЕЛ	СОХТОРИ

59 - Government

Л	Р	Т	А	С	Ё	И	С	У	Д	А	Љ	К	М
Г	Ѓ	К	Б	А	Р	О	Б	А	Р	Й	С	О	У
В	Р	Т	Ъ	И	Ш	Х	Ф	Е	Ҳ	Д	И	Н	Х
Х	Т	А	Л	Л	И	М	У	Р	Ъ	О	С	С	О
П	А	А	Ж	Ѓ	Ѓ	Ф	Ч	К	Ю	З	Т	Т	К
Ч	Л	О	К	Д	Ж	Т	Щ	И	У	О	И	И	И
К	О	У	Љ	У	А	Ѓ	Н	Я	Ф	К	К	Т	М
І	Д	Л	Ц	Я	Ҳ	Н	Ц	О	Т	С	Л	У	А
Х	А	Й	К	А	Л	И	Й	Љ	Л	Љ	О	Ц	Ф
Љ	Њ	Р	У	Г	Н	Р	А	М	З	И	Л	И	Ъ
Д	Е	М	О	К	Р	А	Т	И	Я	Ю	И	Я	И
Л	Щ	Ф	Н	Љ	М	Е	Х	Е	Л	Щ	Я	И	Ь
М	Ъ	Б	Ц	Ж	Я	Ъ	Ѓ	У	Ю	Ь	Т	Ж	О
Ш	А	Ҳ	Р	В	А	Н	Д	Й	С	Ы	И	К	Ш

ШАҲРВАНДЙ
ГРАЖДАНЙ
КОНСТИТУЦИЯ
ДЕМОКРАТИЯ
МУХОКИМА
БАРОБАРЙ
ИСТИКЛОЛИЯТ
СУД

АДОЛАТ
ХУКУК
ОЗОДЙ
ХАЙКАЛИ
МИЛЛАТ
СИЁСАТ
СУХАН
РАМЗИ

60 - Art Supplies

```
К  Ф  О  Ж  Г  К  И  Е  Б  Я  М  Ш  Ч  Ш
Ч  А  Г  Ч  Л  О  Ы  Д  М  В  Ь  У  Х  И
Ш  О  М  Л  О  Г  О  Ы  І  Ъ  Ч  А  Е  Р
Р  Ы  Ъ  Е  И  О  Ш  Љ  М  И  З  И  А  Е
А  Х  Ц  С  Р  З  Ю  Щ  Қ  Ж  Ъ  Р  К  Ш
Н  Т  Ф  А  Р  А  О  Б  А  У  Ч  Ғ  Р  Е
Г  Р  Љ  Њ  Њ  Н  Р  Ш  Л  Х  Њ  Е  И  Е
Щ  М  А  Ъ  Ы  Д  О  Х  А  У  Л  Ю  Л  М
Д  В  Ц  И  Я  Р  Ч  Л  М  Д  Н  Ф  И  Ғ
С  У  Ц  Ф  С  И  Х  Д  О  М  И  Х  К  Ю
Э  Ч  О  Д  К  О  Р  Й  Г  Т  И  Щ  О  Т
Щ  Х  А  Н  Ц  Х  У  Н  Л  И  И  Ф  Ч  У
Г  М  Д  О  Ь  В  Љ  Х  І  Л  Л  Ь  Ф  Ғ
Л  Ф  Ч  Е  Ф  Қ  Ғ  Ю  Ц  Ы  Љ  Г  Д  А
```

АКРИЛИК	РАНГ
КАМЕРА	РАФТ
РАИС	КОГОЗ
ГИЛ	ҚАЛАМ
ЭЧОДКОРЙ	МИЗИ
АСЕЛ	ОБ
ШИРЕШЕ	

61 - Science Fiction

```
Т Щ Ю Н Ж Д Н Њ У Ю I У Ф И
Е Њ Я А К И Т К А Л А Г Џ Л
Х У Л К Б С А Х Ч Ы Ф Қ А Л
Н Щ М И Н Т И Ю И А Ф У Т Ю
О Ҳ Ч Т Е О Ц Т Д Д Х О О З
Л Қ М С Љ П Н М К К О О М И
О Ғ Њ А Ф И А С Р О Р Я Н Я
Г Я Ҳ Т О Я Л И В А С А Т И
И Ю Д Н К Р Ш Т Д Щ Қ У О П
Я Љ Ғ А И Ф А Р Ё Й А С Ч О
У Ю Љ Ф Н С Т К М Ц Т Ч Е Т
Ғ О Х Т О Б О Р У Ч Ь Б Џ У
Б Ы У О Н Н I Г Л Л Ж Н Л Ж
Ф У Т У Р И С Т И К И Щ Р О
```

АТОМ	ТАСАВИЛ
КИНО	АСРОР
ДИСТОПИЯ	ОРАКУЛ
ХИДОЯТ	САЙЁРА
ФАНТАСТИКА	РОБОТХО
ОТАШ	ТЕХНОЛОГИЯ
ФУТУРИСТИК	УТОПИЯ
ГАЛАКТИКА	ЧАХОН
ИЛЛЮЗИЯ	

62 - Geometry

```
С М А Ю Њ Я П О Қ А Њ Ы Г Ю
Е М А Ю К И Т Н А М П У П Ц
Г П Е П А Р А Л Е Л Ь Л Р Ч
М Щ Ф Д Ц А Б А Л А Н Д И У
Е А А Н И З М У К О Л А М А
Н Щ Б Ь С А Ч Н У Г Е С Ж И
Т Е О Я И Н Н А Б М Л В Д І
А С С А М П Р О П О Р Ц И Я
Р Ц И Ҳ Е Ы І У У Я К А Г Х
И У Ҳ Ч Т Е А Н Д О З А Ч Д
О М И В Р У К Д И А М Е Т Р
Д Ю Л Ь И У В Е Р Т И К А Л
А Ғ Ч И Я Ю Г Б Ҷ Р Ҷ К Њ Ф
Қ Қ Ҳ Ш Ь К Т Ж Ф В Ж О Ч Ҳ
```

ГУРЧ	МЕДИАН
ҲИСОБ	ПАРАЛЕЛЬ
ДОИРА	ПРОПОРЦИЯ
КУРВ	СЕГМЕНТ
ДИАМЕТР	РУИ
АНДОЗА	СИМЕТРИЯ
МУКОЛАМА	НАЗАРИЯ
БАЛАНДИ	СЕГУНЧА
МАНТИК	ВЕРТИКАЛ
МАССА	

63 - Creativity

```
Л К И М Л Қ Ц У Х Г М М Ҳ В
В І Е В О З Е І И Я Т И И В
П В Ю Ю У Ҳ К А Я А В Њ С Ғ
К О Р Е Р О Л К Т Ц Д Ф С Р
С П О Н Т А Н И І Ш Д О И Б
Њ Л Ъ Ы Ы Г Ц Т Л Л О Я Ф Ъ
Ш И Д Д А Т Х А Б А Ъ Д И И
М Г Ж М Х О И М Г Ғ Қ Љ Љ Б
Щ И И Т Д Л С А С М Г Ц Н И
Ъ Л У Ғ Ф Е Д Р Ш Ц Д Ъ П О
О Л У Ь М А Њ Д Љ Ч Ъ Ы Л Њ
Ж Є Њ И Ҳ Х А Ғ Л К Ы Н Ы Ф
Ф С Љ В Ц Ч Ю Г Щ Д Х Ю Ь Ъ
Ю А И Х Т И Р О Ъ К О Р Ю М
```

БАЪДИ	ИЛҲОМ
АСЕЛЛИГИ	ШИДДАТ
ВОЗЕІИЯТ	ИХТИРОЪКОР
ДРАМАТИКА	ҲИССИ
ИФОДАИ	СПОНТАНИ
САСМ	КОРЕРО
ХАЕЛОТ	

64 - Airplanes

С	Ъ	Ҳ	Љ	В	Ш	В	Х	П	Ы	У	Х	Л	Е
Д	Р	Б	Ф	Ь	Ж	А	П	И	К	Э	Ы	Л	Г
Е	Ь	А	С	Ш	Б	Р	Р	О	Т	О	М	Ҳ	І
Д	Х	Л	С	Ж	Т	Е	И	А	Ч	М	У	Щ	Қ
Ҷ	Д	А	О	Ҷ	Д	Ф	Ф	В	Х	Ҷ	С	Ф	Ь
Я	Ҷ	Н	Х	И	І	С	О	К	А	Ъ	Ц	У	У
И	Н	Д	Т	В	С	О	С	С	В	Р	Љ	Р	Б
Т	Й	И	М	Қ	А	М	У	О	О	Р	Ъ	У	Қ
Ж	А	Ь	О	Њ	К	Т	М	М	С	Қ	Ж	Д	Я
Ы	З	Ъ	Н	Ы	М	А	Н	А	Ҳ	М	Е	К	Љ
Т	И	Й	Р	О	В	Ш	И	З	У	С	О	Ҷ	С
Е	Д	Ю	К	И	Ч	Т	Ё	Л	Ҷ	Љ	Ч	Н	Д
Н	Ц	Р	М	Ф	Х	В	И	Д	Р	О	Г	Е	Н
Т	У	Р	Б	У	Л	Е	Н	Ц	И	Я	Қ	О	Ғ

МОСКВА
ХАВО
АТМОСФЕРА
ШАРА
СОХТМОН
ЭКИПАЖ
ФУРУД
ДИЗАЙН
МОТОР
СУЗИШВОРӢ
БАЛАНДИ
ТАЪРИХ
ВИДРОГЕН
МУСОФИР
ЛЁТЧИК
ОСМОН
ТУРБУЛЕНЦИЯ

65 - Ocean

```
М Т И Ч Б Д Д О Ҳ Т Я Ҳ Р Е
О Л М Л Л У Ъ У М О Х И А Ы
Ы Л Ы Я Қ Б Б Б Е Ь Р Ҳ Е Т
Ҳ А Ш Т П О У П Ҳ Қ Ь С И І
Ҷ Р Н Ф Қ Ф Я Ш В К Р А Ч С
Д О О У Ч К Ц И К Г О Н Ю Ч
С К Ф Ь Т Н А Ҳ А Н Г Г Д А
Ч Е Ӯ Қ Х Ф А Ф М Б У П Ю Ж
Ж Ф Т Е А Ҷ Ю Ш А П Щ У М Л
К Е Ы Љ Н Т Ю М Н Д Ц Ш Е К
Н Р Ҷ Ҷ Ш Р И М П У А Т Д Ь
Б Д А К Б У Г И Ц Д Њ С У А
У Ф Љ Б И І Ч Х Ь Щ Ж Ц З Г
Ж Д Щ Њ Х Д Е Л Ф И Н Қ А Қ
```

КОРАЛ	НАМАК
КРАБ	НАҲАНГ
ДЕЛФИН	ШРИМП
УГОРЬ	ГУБКА
МОХИ	ТӮФОН
МЕДУЗА	ТУНА
ҲАШТПО	САНГПУШТ
САДАФАК	НАХТ
РЕФ	

66 - Force and Gravity

```
Ь  В  Х  М  Х  Ф  Ч  Ы  Ф  Ч  Г  Ч  Б  М
Н  Д  А  А  О  І  Ч  С  У  Р  Ъ  А  Т  Е
Х  Д  Љ  Г  С  Ы  Ъ  Н  З  А  В  Т  И  Х
Ч  Г  К  Н  И  И  Б  Ц  Х  В  О  И  С  А
Т  Ю  Я  Е  Я  Ф  М  А  Њ  Х  Н  Б  В  Н
Н  Т  М  Т  Т  Ъ  И  Р  Ц  Е  Ъ  Р  Қ  И
С  Я  Д  И  Х  Х  В  Ш  Ӯ  М  Њ  О  А  К
Ц  П  И  З  О  К  Х  А  О  З  Ь  Ь  Ч  А
Ю  Я  Н  М  Ы  Т  І  Р  Қ  Р  Й  В  Љ  К
Б  В  А  М  А  С  О  Ф  А  Т  Л  Б  О  И
В  О  М  М  А  Р  К  А  З  И  Т  С  Ч  З
Ч  К  И  О  Ф  Љ  Ъ  І  Ю  Б  П  Ъ  Љ  И
Г  Н  К  И  К  Х  У  Х  Љ  Н  В  Т  О  Ф
Я  Ч  А  А  Ц  Х  Ч  Ъ  Ж  Ц  И  В  Е  Ю
```

МЕҲВАР	ФИЗИКА
МАРКАЗИ	ФИШОР
МАСОФА	ХОСИЯТҲО
ДИНАМИК	СУРЪАТ
МАГНЕТИЗМ	ВАҚТ
МЕХАНИКА	ИМРӮЗЙ
ОРБИТА	ВАЗН

67 - Birds

```
Ф Б П Е Л И К А Н А К У Т Ш
С Л Д Е Е У Ф Х Ф Њ Х Ы Щ Ҳ
Т Р А Н А К М У Р Ғ О Б Й Я
Ц Ғ Ь М Х У Т С У Г С Б Ш Д
Щ Ғ К М И К П В Қ Ж У М Ю Г
Т К І С И Н С О О Г А Л Е Д
Ф К Ю Ї Т О Г Н Б Ч Р А Х Н
Ц І Љ Д У Р З О Қ А Т Г Ҳ П
Қ Р Ғ Ж Т Е Њ А Ч И С Ч Г П
Ҷ Щ Ш Ғ Ч Х И Ж Г С С Я Е Е
Ц Г У Н Ч О Х У Ч Т Љ Ы Р И
У Ж П Н П Њ С Ъ Ӯ Ҳ Ы Н Ҳ У
Ь Ь Қ Њ И І Ҳ Ҷ Ч Е Ғ Л В Х
Т А В У С Ҷ Њ Р А К Р Ж Х Щ
```

КАНАР	ХЕРОН
ЧӮЧА	СТРАУС
ЗАГ	ТУТИИ
КУКУ	ТАВУС
МУРҒОБЙ	ПЕЛИКАН
УҚОБ	ЇСММ
ТУХМ	ГУНЧОХ
ФЛАМИНГО	АИСТ
ҚОЗ	СВОН
ГУЛ	ТУКАН

68 - Nutrition

```
Щ В Б Љ К И К А Л О Р И Я Х
Д Ф И Ў Б Ш Ъ Ъ М Қ М К И У
С Л Ҳ Т И Т Е И Д И С И Ц Р
А М Р О А А О Г О Р Х С А Д
Ф М Ы Ж З М М І Я Њ Я А Т А
Е У Т Қ К И И Л Ғ Р І Л Н Н
Д Н О Ц Д Г М Н И Щ Д О Е З
А О К Е Б Е Т Я З Ғ Њ М М А
Њ С С Ж Й Т А М О Л А С Р В
О И И Ю І Ғ Ф Ъ З С О С Е Ю
Х Б Н Ғ Ж Е И Ч И Н І Т Ф А
Р А Ж Ц Д Г С Ю А Л У О Њ Р
К А Р Б О Г И Д Р А Т Х О Ҳ
Д Ь Д О Ы Ж Ф Ъ К П О Щ Қ Р
```

ИШТА	САЛОМАТЙ
МУНОСИБА	САЛОМ
ГОРХ	МОЕЪ
КАЛОРИЯ	ҒИЗОЗИ
КАРБОГИДРАТХО	САФЕДАЊО
ДИЕТ	СИФАТ
ҲОЗИМ	СОС
ХУРДАН	ТОКСИН
ФЕРМЕНТАЦИЯ	ВИТАМИН
БӮИ	ВАЗН

69 - Professions #1

```
Д Щ Ч Љ И І Ъ Љ Р Х Њ Ѓ Д Щ
Ь С П Т Ч Ѓ Г Ь И Љ Ѓ Я Ў Р
Ч Е Л О Н Г А Р Ф Ю Х Р З Е
А К Я Г Т С И Н А И П И А Д
Х Д Қ О И Б Е Ц С Г Ц К Н А
Б Ғ В Л Р А К К О С Р Н Д К
А Ъ Г О Л О Х И С П Е А А Ц
С О Ч Е К Х К Ц М Ғ Н Б З И
Т Ъ Ц Г Ъ А Ц Л Ъ О Е Ю И Я
Р Ф А Р Г О Т Р А К Р Њ У Ь
О Ҳ А М Ш И Р А И К Т Я Њ Д
Н Д У Х Т У Р Ц Р Њ Ы Ҳ К П
О М У С И К А Ч А Х Х А Њ А
М Ж Ғ И В І В А З І Ѓ Я Љ Л
```

САФИР	ВАЗ
АСТРОНОМ	ЗАРГАР
АДВОКАТ	МУСИКАЧА
БАНКИР	ҲАМШИРАИ
КАРТОГРАФ	ПИАНИСТ
ТРЕНЕР	ЧЕЛОНГАР
РАККОС	ПСИХОЛОГ
ДУХТУР	МОРЯК
РЕДАКЦИЯ	ДӮЗАНДА
ГЕОЛОГ	

70 - Barbecues

Ғ	Н	К	О	Р	Д	С	Ф	Х	О	Ю	О	С	С
П	Г	М	Е	О	Н	С	А	О	Ҷ	К	И	О	А
Ҷ	Ҷ	Љ	Д	Д	С	Н	Ы	Л	Р	Л	Л	С	Б
Х	У	О	Ю	И	Ю	Н	Ъ	С	А	К	А	Х	З
М	Ғ	Я	Қ	М	Ц	Ф	Ҷ	Ы	Ц	Т	Х	Б	А
Љ	Е	І	Н	О	Т	С	И	Б	О	Т	Х	О	В
Д	Д	В	С	П	Л	И	Т	Г	Ж	Љ	Е	О	О
Ф	Ҳ	Ц	А	Ц	Г	Л	Ь	П	Я	Ф	Љ	М	Т
Ю	Я	Қ	Т	А	А	У	Ҷ	Ф	Я	Щ	Ж	Н	Ц
Х	Н	Ҳ	І	Ъ	Р	І	Ь	Щ	Қ	І	К	Х	Ы
О	А	Ҷ	Ӯ	Ч	М	Ғ	Л	В	Ь	Љ	Ю	Ь	Ш
Ш	М	Ғ	Б	Ф	Й	К	И	С	У	М	Қ	Қ	С
О	А	Ч	Њ	О	Г	У	Р	У	С	Н	А	Г	И
К	К	Ы	В	Ж	Ы	Ж	Г	Б	О	З	И	Ҳ	О

ЧӮЧА	КОРД
ХОШОК	МУСИКЙ
ОИЛА	САЛАТХО
ФОРКХО	НАМАК
МЕВА	СОС
БОЗИҲО	ТОБИСТОН
ГРИЛЬ	ПОМИДОР
ГАРМ	САБЗАВОТ
ГУРУСНАГИ	

71 - Chocolate

К	Ъ	О	Ж	Щ	Ч	Я	Б	Т	Ь	Ғ	Н	Л	И
Г	О	Р	Х	С	Ҷ	С	П	Ь	А	Г	Н	К	В
П	Ш	У	Я	Щ	Н	К	Х	Қ	И	Р	Қ	О	О
Ш	А	К	А	Р	Љ	И	Ж	К	М	У	Ш	К	А
И	А	Ш	Н	Ж	Ж	И	Ж	О	Ъ	Ь	У	О	Ч
А	Н	Т	И	О	К	С	И	Д	А	Н	Т	С	Ф
Ш	Б	Њ	Р	Ӯ	Р	Ы	Г	Н	Т	К	Д	Х	Т
І	Р	Љ	И	Ж	Б	У	Ъ	С	Е	Ҳ	А	А	К
Л	У	Д	Ш	Н	И	Д	Ц	Ғ	Е	А	Њ	К	А
Р	А	Э	К	З	О	Т	И	К	Ц	Қ	Ғ	І	Л
И	Я	З	И	Н	Г	Р	Е	Д	И	Е	Н	Т	О
Б	Г	Ш	И	С	И	Ф	А	Т	Ю	Ь	О	Ц	Р
Т	Д	Ш	Љ	З	Х	Ъ	Р	М	Ю	Ч	Е	Њ	И
Т	Щ	Д	Ӯ	С	Т	Д	О	Ш	Т	А	Ю	Љ	Я

АНТИОКСИДАНТ	ДӮСТДОШТА
ГОРХ	БӮИ
КАКАО	ИНГРЕДИЕНТ
КАЛОРИЯ	СИФАТ
КОКОС	ШАКАР
ЛАЗИЗ	ШИРИН
ЭКЗОТИК	ТАЪМИ

72 - Vegetables

```
З М Х У И У А Ч И Ч Н Ч Ь И
Ё А Ж С Ф Б П Љ Ш Ы Љ Х Ш Н
И Р Н Б Х Р О Д И М О П В К
П А Е Ч К П А Д Л Ю К Љ Ъ Ж
Б К У Б А К А Р И Ш И Т Е П
Р Л Ц П Н Б А Р О Н Е Г Н А
О У Қ Ф А Х И Р И С Ч Х В Х
К Г У Р П Т А Л А С Р О С У
К Т С Я С М Ъ Б Ѓ Ф И О Н Ч
О Г А Қ Р А Д И Ш Я С Г Њ Л
Л Ѓ Б Р Е П А Ф У Р У У Д Д
Й Х З Б Ю О Љ Г Д Д М Р Қ Ы
Ы Е Й Ь Ж Ю Ъ А Х Ъ Н Е Ъ Х
Д В С Қ Л Г О М М Х Ж Ц Љ Т
```

АНГЕНОР	ПИЁЗ
БРОККОЛЙ	ПЕТИШИ
САБЗЙ	ПА
ГУЛКАРАМ	КАБУ
КАРАФС	РАДИШ
ОГУРЕЦ	САЛАТ
БОДИНЧОН	МУСИР
СИР	СПАНАК
ЗАНЧАБИЛ	ПОМИДОР
ХУЧ	РЕПА

73 - Boats

```
Е Ю Қ Ж Ц Л Ъ Ь Қ Г Ш А Д В
К Ю У ъ Ч Л Қ Х Р Т Ҳ Н А Х
И А Т Х Я К Ҳ Ы Т П Љ Ч Р Ҳ
Ч Э Я Ц С Қ К Н А Е К О Ь Т
Ъ К Д К Щ Н Ч О Қ И Ъ Р Е Ц
Ж И М О Р Я К М О И Г Ҳ Ъ Ы
У П О ъ Ч Ъ Ш С Б В М А Л Н
Ь А Р Д Қ Ы Ы Е Ц Х Ч Б У Й
К Ж А Ц Б А О Р Ғ Л Ш Ж К М
О А П У Қ Ч А Њ О Њ Ч М Ч В
В Щ Н Ч Р Н У Р И Т Ф А Р Ф
Г М Љ О Н Г Н Ж Ф С О Ч Ы І
К Т К Х Е Я Д В Ц А Ғ М Щ Ъ
Б А Х Р И И Б Ъ Ю М О Ъ Ы Д
```

АНЧОР	БАХРИИ
БУЙ	ОКЕАН
КАНОЕ	РАФТ
ЭКИПАЖ	ДАРЬЕ
МОТОР	РЕСМОН
ПАРОМ	МОРЯК
КАЯК	БАҲР
КУЛ	ЯХТА
МАСТ	

74 - Activities and Leisure

```
Ғ Ъ Њ Ш С С С Ф К Е Ф С Ч О
Ъ Ъ У И А А М Е Њ Г Ы Р Ч Ц
Л Қ Ю Н Ф Н Ц Њ Р Б Ф Ц Д У
С Х Љ О А Ъ Ш Д У Ф Њ А Ю Б
Ю Ю Ю В Р А П Ч М Т И И У О
Б Ь Д А О Т Ғ А Ц Е Ч Н Ъ Г
В А І Р И Л О Ч Д Н Т Ц Г Д
О П С Й Ч Қ Ъ Њ Қ Н Ш Х Ч О
Л Д Ы К Ю Й Р И Ш И Х О М Р
Е К Х Т Е Ҳ Ы Ъ И С М Р Щ Й
Й Г Қ М Х Т Б Е Й С Б О Л В
Б П Ц Њ И Н Б Ч Ъ Ф Ф Е О Ш
О Я Ъ Қ Њ Ф Л О Г Р Њ Ц Ж Д
Л І Ф У Т Б О Л Л Б О К С Д
```

САНЪАТ	ФУТБОЛ
БЕЙСБОЛ	СЕРФИНГ
БАСКЕТБОЛ	ШИНОВАРЙ
БОКС	ТЕННИС
МОХИШИРЙ	САФАР
БОГДОРЙ	ВОЛЕЙБОЛ
ГОЛФ	

75 - Driving

```
Б Ф К Е П Њ Г В О П Ы У Ъ П
Д Е Ъ В Ҳ Ю З А Г Л С Қ А И
Б А Х О Р Ь П К Р О Т О М С
Љ Т В А М О Ш И Н А К Ф А А
Н И Ы Р Т Д Љ И Ц Ц Ж Л Д Р
А Р Ҳ А А А Р О Н А Н Д А Б
Қ А Ж Т Ж Р Р Ъ Щ Ы С Щ С А
Б Х Ҳ А В С О Й Ь С Ы Ш Б Ч
И Ш Ч Х М О Т О Ц И К Л И А
Г Х Я И З Н Е Ц И Л Я Р Ю И
Н А К Л И Е Т Ы М У Г П Л Ъ
О М О Ш И Н И Л І П В Њ Ҳ Щ
С У Р Ъ А Т Қ Ж Г Д Н Ч Г Ғ
С У З И Ш В О Р Й Ж О Р Б М
```

САДАМА	МОТОР
ДАВРАРО	МОТОЦИКЛ
МОШИН	ПИСАРБАЧАИ
ХАТАР	ПУЛИС
РОНАНДА	РОХ
СУЗИШВОРӢ	БЕХАТАРӢ
ГАРАЖ	СУРЪАТ
ГАЗ	НАКЛИЕТ
ЛИЦЕНЗИЯ	МОШИНИ
ХАРИТА	НАҚБИ

76 - Professions #2

```
Д И П Е Б Я К Ц Љ Ҳ Щ Г О Ф
Р Ш Қ И И Ч Е И И Ы О О Ы И
О М У А Л Л И М Т Р О I Л Л
Т В А Н О Р Т С А О Р С Ғ О
А Б О Г Б О Н Њ Љ М Б У И С
Р И Г Т А Р У С М Қ Ъ Х Р У
Т Ф I В Я Н Ш П Т У Р Б О Ф
С Т О М А Т О Л О Г У Ч Щ Д
Ю З О О Л О Г К И Ч Т Ё Л Б
Л И Н Г В И С Т Х К Х В Њ И
Л Д Е Т Е Т И В Ф Е У А У О
И Ж У Р Н А Л И С Т Д Ф О Л
И Х Т И Р О Ъ К О Р Қ Б Е О
И Н Ж Е Н Е Р Р А С С О М Г
```

АСТРОНАВТ	КИТОБХОД
БИОЛОГ	ЛИНГВИСТ
СТОМАТОЛОГ	РАССОМ
ДЕТЕТИВ	ФИЛОСУФ
ИНЖЕНЕР	СУРАТГИР
ДЕХКОН	ДУХТУР
БОГБОН	ЛЁТЧИК
ИЛЛЮСТРАТОР	ЦИРРУР
ИХТИРОЪКОР	МУАЛЛИМ
ЖУРНАЛИСТ	ЗООЛОГ

77 - Mythology

```
А М Н О Д Р А М О Ц Д Н Ч К
М П Щ Г Н А Ҳ Р А Ф Б О А Х
Н И С И С Ъ А Т Л К А М Н Г
О П Ш Л П Д П О А Њ Р И Г Ы
М Ч Е Д И У Ъ М Ф Ф Қ Н О Ч
А А Ц Л А Б Ш О Ь А О О В Т
Р Г Х І А А Е Ғ Ю Л Д А Қ
Х В А С Ғ Р І Ь О Ъ Ю А Р Т
А Л Ш Н У К Қ Ҳ Ғ Б А І М Е
К І П О Щ Л К У Р Њ Ҳ І Н Ъ
Р А Ф Т О Р О М А К А О Г Р
К А С О М П Й Т Е Х Р А О Ч
Ю Б Ф В Ъ Д О Қ И Т Ъ Э Ж Ч
Ъ Ц А Ф С О Н А Р А Ш К Г В
```

АРХЕТЙП	РАШК
РАФТОР	МАКАО
ЭЪТИҚОД	АФСОНА
ТАЪСИСИ	БАРҚ
МАХСУЛОТИ	ҲАЮЛО
ФАРҲАНГ	МАРДОН
ОФАТ	КАСОМ
КАХРАМОН	РАЪДУ БАРК
НОМИНОДА	ЧАНГОВАР

78 - Hair Types

Н	К	Ҳ	Ж	Қ	Б	А	Л	Ы	Ы	Я	Ю	П	Х
Ш	А	М	Ш	Т	А	Л	Қ	П	Щ	І	Б	А	Ж
Е	Р	Р	Қ	А	О	Ҳ	Б	Х	С	Ж	Г	Х	Ц
Н	И	А	М	Д	О	Ж	В	Ь	Х	Т	Ъ	Ш	К
П	К	Д	Е	Ф	А	С	С	А	Ц	Њ	Љ	А	Т
Ю	О	А	Ы	А	Р	Ф	А	Қ	Р	Ф	Д	Н	Ю
Щ	Х	П	Х	Ҳ	Т	У	Л	Г	Х	А	Х	Д	Н
Ҷ	Ё	Д	Е	Я	Қ	З	О	Р	А	Д	Н	А	С
Б	И	Г	Х	У	Ш	К	М	М	П	О	Қ	Г	Ҷ
Л	С	Н	Т	А	Қ	И	Қ	Ж	Я	Ч	С	Њ	Ж
О	Қ	Ц	Г	Ҷ	Қ	Ч	Н	У	Н	Т	Ы	Ч	Ц
Н	Ь	Ш	С	И	Х	О	Ф	Т	Х	Қ	Т	Ч	Д
Д	Н	Ц	Қ	Ч	Л	Т	Ҷ	Ж	С	К	Ғ	А	Ш
Ш	Ь	Ы	У	Ф	Ъ	А	Ю	Њ	О	Н	І	Њ	Н

БАЛ
СИЁХ
БЛОНД
ПАХШАНДА
ҚАҲВАРАНГ
ЧИНГИЛА
ХУШК

ХОКИРА
САЛОМ
ДАРОЗ
НАРМ
ПАДАР
ТОҶИК
САФЕД

79 - Garden

```
Б Ы Щ Н Н Ъ Ч Е Ч Х Р Р К П
Ч А Ы Л Г Г Н А Л Ш О А Ц П
Ж О Т Х Л А Н Қ Ц Ж В Т К Ы
Ь І Ш У Б Р Ж И Ғ Х А Ы Б Ц
С О Х Щ Т А Л У Г Х Д Н О П
О У Н Х Х Ж Ъ Ы А О С Е Я Х
Р Ғ Ш Т Ь Ғ У В М Ш Б К Х Ц
Н Ж Е В Ъ В И Љ О Е Х Ч Ю О
Я Д Љ Ы Њ И Щ Ъ К Ц Я Ч Х Я
К Қ У Қ Л О Я В И Т Ч Е Ч Щ
И Р У А В С Ф В Ц Щ Х Ғ Ь Ж
Ш Ш Ч Л Т Е Р Р А С Я Ч В И
Я У Х А Д А Р А Х Т Т Р Ь Б
Г О Ч Ф Ь Ц Х Ъ И Қ Н У Р Я
```

БУШ	ШЛАНГ
ДАВОР	ПОНД
ГУЛ	РАК
ГАРАЖ	ТЕРРАС
БОГ	БАТУТ
АЛАФ	ДАРАХТ
ГАМОК	СОРНЯКИ

80 - Diplomacy

```
Н К Г О С Ш А Р Т Н О М А Љ
Щ Ѓ Г Г О Е Х А С Ш Ц Ж У Ш
С С Ғ О Ф Х Н Н Ж Д Т Ғ Ш Х
И А Р К И Т А М О Л П И Д Љ
Њ Ч Ф К Я І І У И У Щ Ц С Х
Ш Х О О Т А М У К У Х У И А
К Ғ П З Р Х А М К О Р Й Ё М
Ч Ц У Н А А Ғ У Љ Ю Ю А С Н
Э Т И К А Т Т К Х Х Љ Ь А И
Г Р А Ж Д А Н Й Њ И У О Т Я
Ҳ И Е И Ҳ М У Х О К И М А Т
А Ф М Г У М А Н И Т А Р Х О
Л А О Ь Х М Ъ Е Н И З О Ъ Ц
Ҳ С Ч Њ Њ Ю В А Д О Л А Т Њ
```

САФИР	ХУКУМАТ
ГРАЖДАНЙ	ГУМАНИТАРХО
ЧОМЕАИ	СОФИЯТ
НИЗОЪ	АДОЛАТ
ХАМКОРЙ	СИЁСАТ
ДИПЛОМАТИК	ИЧОЗАТ
МУХОКИМА	АМНИЯТ
САФОРАТ	ҲАЛ
ЭТИКА	ШАРТНОМА

81 - Countries #1

```
П А Н А М А И В Я И В И Л М
П Е Л И Т В Ч Н М Ь Р К К И
О Р И Я И В Т А Л Ғ И О Щ С
Л В В И Ь Н А Г Ҳ Ш С В К Р
Ш В Е Н Е С У Э Л А Р Е С Қ
А Я Ь Ы Н Ч Г Н А К О Т Я Б
О И Ъ М А О А У Г О И Н Ш Ф
И Л Ц У Щ Ж Р Т Е Р Л А Ш Ъ
С А М Р М В А В Н А Р М І Љ
П Т У О Л Ғ К С Е М Ғ Ы В Г
А И Ҳ Ы Н Ъ И Т С Г У П Ш Н
Н Б Ы А Д А Н А К Т И Ж Ц Щ
И У Г Б Р А З И Л И Я Я Ю Њ
Я И Д Н Я Л Н И Ф У Л Ы А Ч
```

БРАЗИЛИЯ	МАРОКАШ
КАНАДА	НИКАРАГУА
МИСР	НОРВЕГИЯ
ФИНЛЯНДИЯ	ПАНАМА
ОЛМОН	ПОЛША
ИРОК	РУМЫНИЯ
ИСРОИЛ	СЕНЕГАЛ
ИТАЛИЯ	ИСПАНИЯ
ЛАТВИЯ	ВЕНЕСУЭЛА
ЛИВИЯ	ВЕТНАМ

82 - Adjectives #1

```
Ш Ч Л Ғ Б Щ О М Ч І Т Љ Ч Е
А А Ҷ Б Ч Р Т С У С Ц Ч И Т
Х Щ М Ғ Д В К М Д Ҳ Д Б Н Љ
С В А З И Н М П Ь К И Ч О Т
А Х Р Е Ф Ю В Щ Л Б Г М М Х
Н И О С У Ь Й Ы Р Д Е Щ А К
Д Щ Т Ы М Ғ С К Ю О Б Е З М
Ч К Ж И Р Р Х У Ш О С А М Б
Ҳ И Б Л А Ч И Р Т Ч У Т Ҷ Ғ
Б Т Д А М Б И Ц И О З Н Ы Й
А О И Д А Р О М А Т И К Е О
Ъ З Ч Ч И А Р З А Н Д А Т Ь
Д К М У Т Л А Қ Г Л П Щ Љ Ш
И Э Щ Ю Л Ч С А Ф К И Р Д Ш
```

МУТЛАҚ	ВАЗИН
АМБИЦИОЗНЫЙ	МУФИД
АРОМАТИК	РОСТ
БАЪДИ	ШАХСАНД
ЧАЛБИ	МУҲИМ
ЗЕБО	ЗАМОНИ
ТОРА	ЧИДДИ
ЭКЗОТИК	СУСТ
ЩЕДРЫЙ	ТОҶИК
ХУШО	АРЗАНДА

83 - Technology

Њ	Қ	Қ	У	Ш	Г	С	Э	Ж	У	Е	Ш	П	Р
Б	О	У	Ҳ	Ч	В	Х	Н	К	Ъ	Ғ	Ғ	Р	А
Т	Р	Т	Ю	І	Ш	И	И	Х	Р	Њ	Ш	О	Қ
Ҷ	О	А	А	М	Н	И	Я	Т	Ҳ	А	Ж	Г	А
И	С	Р	У	Љ	Р	П	Н	Н	І	Л	Н	Р	М
Ф	Р	Е	Я	З	Ж	Қ	Ч	Ш	Њ	Т	Ғ	А	Й
О	У	М	Щ	Т	Е	Н	Р	Е	Т	Н	И	М	Я
Ю	К	А	Ч	Ш	Ы	Р	Р	Ф	Я	Т	Р	М	Б
О	Щ	К	Д	Д	Х	Ҷ	И	И	О	Ф	Ч	А	Ч
Ҳ	Т	Ф	Ъ	П	М	Щ	Ғ	К	Б	Я	М	С	Љ
С	Њ	У	Ш	Қ	А	Ц	П	И	А	Ҷ	Қ	Б	О
В	И	Р	У	С	О	Ё	Л	Л	Й	О	Я	Ъ	Д
О	Ф	Р	С	Б	Ш	Ҷ	М	Т	Т	К	Ҳ	Љ	М
В	И	Р	Т	У	А	Л	Й	А	Ф	К	Ч	Щ	Я

БРАУЗЕРИ   ПАЁМ
БАЙТ   ЭКРАН
КАМЕРА   АМНИЯТ
КУРСОР   ПРОГРАММА
РАҚАМЙ   ВИРТУАЛ
ФАЙЛ   ВИРУС
ИНТЕРНЕТ

84 - Landscapes

```
Х У М Е Т Ф Н В В Д I О Ғ Ж
И В Б С И З А О У А Ф Б В Њ
Л Ъ Ю Н Т Щ Ф Д Л Ц Р Ш Г П
Л Ы М М Т Ҳ Щ И К Т Ж О Ц Ж
В Ш Н У Е У Ғ И О А Я Р Я Ы
П Н О Ъ Ч П Н Т Н С И Е Ч
Ж К К Ғ Н Х У Д Ч И Б Л Ь Ч
Б Н Е Ч Л О Х Х Р З Е Ғ Т И
Љ Д А У Щ Р К У Л А Р О Г Ч
П А Н О Б Ё И Б К Ч Г Ҳ Д Д
И Р Е З Й Е Г К Ҳ М И П А Д
Р Ь Б А Т Л О К Р И З А Ч Б
Я Е Б Ъ Ғ Ы Ю I Я Н Б Р Я Г
Х У Ч О Н Ш Ғ Я Ю У Ш И Т Я
```

БИЧ	ОАЗИС
ГОР	ОКЕАН
БИЁБОН	НИМҶАЗИРА
ГЕЙЗЕР	ДАРЬЕ
ПИРЯХ	БАҲР
ХИЛЛ	БАТЛОК
ЯСБЕРГ	ТУНДРА
ЧАЗИР	ВОДИИ
КУЛ	ВУЛКОН
КУХ	ОБШОРИ

85 - Plants

К	Е	П	Б	Ч	Н	В	П	Х	А	Ю	Д	Қ	Г
Ы	Ж	Е	Е	А	К	И	Л	Б	У	П	С	Е	Р
Р	Њ	Т	Р	Н	У	Д	Ч	Н	Р	М	О	Б	Л
Љ	Б	А	Р	Г	Ш	Т	Қ	Қ	Е	Қ	Р	О	Қ
П	У	Л	И	А	Д	А	Р	А	Х	Т	Е	Б	У
Д	Ш	В	У	Л	Ь	Ц	Њ	Ч	Ь	Р	Ш	Б	Н
Б	Ц	Ч	Ҳ	Њ	Х	Ғ	Л	Ъ	Е	Р	А	А	Ч
Л	Ш	Г	Ф	И	О	Ч	С	П	Ю	Ф	Ъ	Р	Г
М	Ж	Б	Д	Л	У	Г	У	Б	Щ	Ц	Е	Г	Д
А	С	О	С	И	О	Ы	Б	Ы	О	Е	Я	Х	Щ
Ф	Н	У	Р	И	И	Р	М	Қ	Щ	Г	П	О	Њ
К	А	К	Т	У	С	М	А	Ҳ	Е	Ч	Љ	Ц	Ш
І	Б	Л	Қ	Ц	Ф	О	Б	О	Т	А	Н	И	Я
Ш	И	У	А	Б	Щ	Х	П	Л	Ю	Щ	Г	М	Ъ

БАМБУ	ЧАНГАЛ
БОБ	БОГ
БЕРРИ	АЛАФ
БОТАНИЯ	ПЛЮЩ
БУШ	МОХ
КАКТУС	ПЕТАЛ
НУРИИ	РЕША
ФЛОРА	АСОСИ
ГУЛ	ДАРАХТ
БАРГХО	РЕСПУБЛИКА

86 - Countries #2

```
Д А Н И Я Э Л Л У Б Н О Н Н
Ы Д О Б И Ф А Ь Қ Ч А К У И
К Н П Ғ Р И О Л Т Г А И К Г
Е А О А У О С Ь Л Њ У Х Р Е
Ф Г Ч Н С П Ѓ Я І Ю Њ Е А Р
Г У Ъ І Ю И Њ Н И Ы С М И И
Щ Ѓ И Р Њ Я Я О П Б О М Н Я
М Я Ъ Щ Ғ И И Т Х Р М Б А О
Я Б Ю Х Ҳ Н Р С Р Н А Д У С
Ж М Ъ В Ж А Е И У Е Љ Ѓ Г В
О Н А Б Г Б Б К У Р И Қ Ю Л
Л Е Е Й Қ Л И О Я Ц Д Х П Б
Ш Ж І У К А Л П А Щ М Н Ы О
Н Е П А Л А Ж Ъ Г А И Т И Қ
```

АЛБАНИЯ	МЕХИКО
ДАНИЯ	НЕПАЛ
ЭФИОПИЯ	НИГЕРИЯ
ЮНОН	ПОКИСТОН
ГАИТИ	РУСИЯ
ЯМАЙКА	СОМАЛИ
ЧОПОН	СУДАН
ЛАОС	СУРИЯ
ЛУБНОН	УГАНДА
ЛИБЕРИЯ	УКРАИНА

87 - Adjectives #2

```
В  Қ  Ц  М  Р  А  Г  Х  Б  О  И  Љ  С  Х
А  Ъ  Щ  А  Н  С  У  Р  У  Г  С  Љ  В  Л
Х  К  Й  С  О  С  А  Р  Ӯ  Ш  Ц  Б  А  К
Ш  Ш  Ш  Ъ  М  А  Х  С  У  Л  К  О  Р  А
Ҳ  І  С  У  Н  К  Љ  Э  Ь  Х  Д  Х  Б  С
Я  Ш  Ъ  Л  Х  А  П  Ч  Щ  О  Ш  Я  Ы  И
С  А  Л  О  М  Ф  В  О  Ч  И  Д  А  Ҳ  Т
Т  У  Х  Ф  А  Е  Ь  Д  К  Њ  Ч  Ь  М  Д
Ш  Е  В  О  Е  Т  С  К  Т  Қ  А  В  Й  Љ
О  Ф  Ь  У  Ж  Б  І  О  Е  І  Ш  Н  И  Л
Н  Қ  Я  Я  Е  Х  Ғ  Р  Ш  І  Н  Г  Б  Ш
Ф  А  И  Қ  Њ  Е  П  Қ  Ъ  Щ  Љ  Я  А  Њ
Д  Ь  Г  О  Р  Д  Ы  Й  Ғ  Е  І  К  Т  Л
Ҷ  А  В  О  Б  Д  Л  В  А  Ч  Х  Љ  Ы  Ч
```

АСОСӢ	ҶАВОБ
ЭҶОДКОР	ТАБИӢ
КАСИ	НАВ
ХУШК	МАХСУЛКОР
ШЕВО	ГОРДЫЙ
МАШХУР	МАСЪУЛ
ТУХФА	ШӮР
САЛОМ	ХОБ
ГАРМ	ҚАВӢ
ГУРУСНА	ВАХШ

88 - Math

```
П Г В Г В С Ч П Я С А Д О Д
Ж О А Ц Н У К Т С О Р М Г Э
И Ь Л Е Л А Р А П Ғ И У Е К
Ь Ц Я И Р Т Е М И С Ф К О С
Д П Њ Л Г О I О Ц Ғ М О М П
Д А Щ Щ Р О Г О С Ь Е Л Е О
Ж И Ҳ В П И Н Љ Ғ У Т А Т Н
I Ъ А Й Ю Ѓ Г Қ О П И М Р Е
Ж Ш Ю М О В Ч Ғ Ц Ю К А И Н
В Ҳ Қ Ь Е Е Я Ф В Њ А П Я Т
Б Т Ж Ш Ю Т С Е Г У Н Ч А Ҳ
Я Ь I Ъ Я Н Р Ч Ъ Ҳ Р Њ Љ А
П Е Р И М Е Т Р Р Љ Ч И Я Ч
Ь Ҳ Ҳ Р I Ҳ С Ю Ю Ф У С Е М
```

АРИФМЕТИКА	ПАРАЛЕЛЬ
ДОДА	ПЕРИМЕТР
ДАҲЙ	ПОЛИГОН
ДИАМЕТР	РОСТКУНЧА
МУКОЛАМА	СИМЕТРИЯ
ЭКСПОНЕНТ	СЕГУНЧА
ГЕОМЕТРИЯ	ҲАҶМ

89 - Water

П	Щ	Д	Ч	П	Љ	Г	Б	І	Б	Ф	Ж	Б	Н
Љ	Б	А	У	Х	Ш	Е	А	М	Л	Т	Ш	О	Г
Ж	М	Р	Ф	И	Ж	Й	Р	Ш	У	Д	Н	Р	Т
Њ	Ц	Ь	Т	Њ	Д	З	Ф	І	К	С	Ю	О	Х
П	С	Е	И	Р	П	Е	П	Ю	Қ	Ь	У	Н	Ц
І	Я	Н	Ғ	Њ	Й	Р	Ё	Ь	Б	О	Ь	Н	Қ
Њ	Щ	Ч	Б	Љ	К	Ь	Њ	Л	Њ	Ж	О	Ц	Р
Ъ	Х	Ҳ	О	Н	О	Ф	Ӯ	Т	Р	Н	А	В	Ъ
Л	Т	П	Ц	Ш	Н	Б	У	Њ	Ш	А	В	Ї	Ф
Н	І	Б	Ғ	М	М	Ъ	Л	Ф	Ы	Е	М	Х	Х
Х	Р	Г	Г	У	А	Р	Ц	Ж	Х	К	Щ	Ҳ	Ғ
К	Т	Ю	К	В	Н	Ц	А	Д	Я	О	У	Ч	Б
Ж	Е	И	У	Т	Ц	Щ	Г	Ш	Ъ	Х	В	П	Ч
А	В	Я	Ч	Щ	Щ	Р	І	Ъ	М	Щ	Н	П	У

БУЊШАВЇ   МУСУН
ШАРМ   ОКЕАН
ГЕЙЗЕР   БОРОН
ТӮФОН   ДАРЬЕ
ЯХ   ДУШ
ОБЬЁРЙ   БАРФ
КУЛ   ЧУФТИ
НАМНОКЙ

90 - Activities

```
М К Р Я Х Д У З А Н Д А Г И
Р О К И Ш А Е Ь Н В У Ч О Қ
Ы Н Х О Я В Л Я Ж У Ю У Х А
Н Р Ҳ И В Х Р О Қ Ъ Ъ Ф П А
И Ҳ Б Л Ш Г Х Ц Н Т Л И Н Р
Н Е К Х Я И И Ғ Ю А Ғ Њ Р Щ
Ъ С Р О И Ғ Р Љ Р Ж Т Њ Г В
Ъ Х Щ Н І Ғ Т Й Б О З И Ҳ О
Б Ж Р Д В Қ П А К Ҷ Ж Т Х Т
Н А Я А У О Ц М Ъ Ъ А Љ Ч Х
С С Я Н Ы Ч Х Х У Н А Р Х О
И С Т И Р О Х А Т Њ А Р К Ш
И Ф А Ъ О Л И Я Т А Т С П Щ
Р А К С Р Б О Г Д О Р Й Ж Ҷ
```

ФАЪОЛИЯТ	ШИКОР
САНЪАТ	ИСТИРОХАТ
ХУНАРХО	СЕҲРНОК
РАКС	ХАЛОНАТ
МОХИШИРЙ	ХОНДАН
БОЗИҲО	ДУЗАНДАГИ
БОГДОРЙ	

91 - Business

Ш	У	Р	У	Ф	Ч	Г	Ь	Б	Ч	К	П	У	Л
И	Ф	Х	А	Т	Ю	Л	А	В	Д	О	В	А	З
Р	Я	О	М	Р	А	С	Ц	Х	Г	Р	П	Е	Ш
К	У	Х	Ф	Д	Ю	Щ	В	Д	К	Г	Ж	М	И
А	С	З	Н	И	З	А	Г	А	М	А	Х	Е	Ѓ
Т	Р	О	Х	П	С	Г	И	М	Ж	Р	В	Ғ	Щ
Е	А	Д	А	Њ	Н	Щ	К	П	О	К	И	И	Ф
Ч	Ъ	Н	И	Р	Ф	Ц	Ъ	Н	Я	Л	И	Ц	О
У	Ш	А	Г	І	З	М	Ж	М	Х	О	И	Ф	И
Б	Ч	Ж	Ы	Ы	Ж	И	Ц	Н	Ы	Ф	Ҳ	Я	А
Љ	К	С	Ҳ	Б	У	Д	Ш	К	Ф	Љ	Ч	Ы	Ҳ
М	Ч	Љ	Ъ	Ю	І	Ю	И	И	Ф	М	Т	С	Т
Љ	К	Ф	Х	И	М	А	Ш	Л	Д	Ч	Г	Ж	Ц
М	О	Л	Ж	Љ	И	Ф	Ъ	К	Ҳ	И	Ж	К	Ь

БУЧЕТ
ШИРКАТ
АРЗИШ
ВАЛЮТ
ТАХФИ
КОРГАР
ЗАВОД
МОЛИЯ

САРМОЯ
МОЛ
ПУЛ
ОФИС
ФУРУШ
МАГАЗИН
АНДОЗХО

92 - The Company

```
И Д В У Х П К Ь Щ В Њ Н Т Л
О Д С Е Т А Ц А Ы Е А А Д Л
Р Т Н Е Д И З Е Р П Т В Қ Е
Ц Ф П Њ Њ І Т Ъ А О Ц О Г У
М А Г Ч Р М Ғ Ъ Г Ҳ Р В К Б
А Р Ч О Щ О Щ І Р Ъ Ь А О Љ
Ҳ Ш С Ш Љ Н Е П О Њ Н Р Ф М
С Е Я А Ь Б Ҳ К К Ы Ч О О Г
У П Н С Н Я Б Д К Ч Љ Н Ш Ъ
Л Т И І Ю О Э Ч О Д К О Р Г
О І Ц Ж У М А С И Ф А Т Ф Л
Т Я Н Н Ъ Р М Т Б И З Н Е С
А Ғ Т Ҳ Б А И М К О Н И Я Т
П А Ж Ч Ҳ С Э Ъ Т И Б О Р Ч
```

БИЗНЕС	ИМКОНИЯТ
ЭЧОДКОР	ПРЕЗИДЕНТ
КАРОР	МАҲСУЛОТ
КОРГАР	ПЕШРАФТ
САНОАТ	СИФАТ
НАВОВАРОН	ЭЪТИБОР
САРМОЯ	

93 - Literature

```
Ҷ Т Б Л Љ Ҳ А Ҷ Ғ М К Х А Щ
Ь Ш Е Ъ Р И Н А Ф У М У Н Т
С Т И Л Ь К О Ф И К Х Л Е І
С Г М Д О О Л А Л О Ғ О К Ъ
В Х Г И Я Я О Н Л И Ф С Д И
В Р Қ А Ҳ Т Г Т А С Т А О М
М Ч Қ Л Ф К И И У А А Б Т Е
П Г Я О Қ У Я Я М П В Њ Е Т
Щ Ш Л Г Ш Н А М О Р С Р М А
Ҳ Р Р У О А Б С Р Ҳ И Ш І Ф
Г Ь Н О Ъ Н Ж О Т Ҳ Ф Т Е О
Р И Т М Р Д Т А Х Л И Л И Р
Д Б Х Р О А Ф О Ч И А О Љ А
Љ Я А Н Н Л М Ь Ю Ш Қ И А Я
```

АНОЛОГИЯ   ҲИКОЯТКУНАНДА
ТАХЛИЛИ   РОМАН
АНЕКДОТ   ШЕЪР
МУАЛЛИФ   ШОЪРОН
МУКОИСА   ҚОЯ
ХУЛОСА   РИТМ
ТАВСИФ   СТИЛЬ
ДИАЛОГ   ФАН
ФАНТИЯ   ФОЧИА
МЕТАФОРА

94 - Geography

```
Ғ Қ Ч Х А Р У К М И Н М Ц Е
Р И З А Ч Т Н Р Ъ Д О Е Х Ъ
Х Т Б Р А Г Л Ҳ Ц У К Р Ч Ч
А Ъ У И Д Ц О А Ц Д Е И В Н
Ш А Н Т У С Х Б С У А Д Њ Е
С Љ А А Т Ф Ш Ж Ц Х Н И Т І
Щ К Ч Ш И Ю Ю К А Б Љ А К О
Е Ъ Қ Р Т Д Ц У В И П Н П Н
Ц Т Л А А Ш А Х Ж С Ф К Ч М
Ғ Ч Г Й Л Ч И Р А В Ш И К Ш
Ь У П О Д М Ж М Ь Њ А П П Ғ
Ъ П Ы Н Ж Ю Ҳ Г О Е Ж О Т Х
Ч А Х О Н Ш С Щ Ғ Л Х Р О Ю
И Ы Ь М Ю Г Л Т К Ҳ А Т Ю У
```

АТЛАС	ШИМОЛ
ШАХР	ОКЕАН
ҚИТЪА	РАЙОН
КИШВАР	ДАРЬЕ
НИМКУРА	БАҲР
ҶАЗИР	ҶАНУБ
ЛАТИТУДА	ХУДУДИ
ХАРИТА	ТРОПИК
МЕРИДИАН	ГАРБ
КУХ	ЧАХОН

95 - Pets

С	А	Н	Г	П	У	Ш	Т	Г	Б	Н	Ю	Ғ	Т
Њ	Х	Ь	А	С	Л	У	Щ	Р	У	Қ	Е	П	У
В	Ғ	Љ	С	У	Т	М	Г	Ы	Я	Р	Ф	А	Т
Ч	Е	Љ	Ч	Љ	Б	О	О	Љ	Щ	Ж	Б	Ь	И
В	Е	Т	Г	І	У	У	В	Щ	Е	А	Љ	А	И
Т	Њ	Ғ	Е	М	З	Л	Ж	К	Р	К	И	Љ	Н
Ц	Г	Р	У	Р	Г	О	Б	Я	И	И	Ф	Ы	Н
Х	И	Ғ	Њ	Д	И	Х	О	М	Ц	Ф	Щ	Х	Х
А	Б	К	Ц	М	Ғ	Н	Ы	О	А	Ш	Д	Ҳ	Ь
Р	Я	Р	Ж	Щ	Қ	М	А	Х	Ш	Х	Я	К	К
Г	Р	П	Ч	М	Ғ	А	М	Р	Ч	Ч	О	О	Ч
Ў	Ц	Р	О	Њ	О	Ы	Ғ	Ж	Ҳ	Љ	М	Ж	Н
Ш	Ш	С	Љ	Қ	Ъ	Е	Щ	Е	Н	О	К	Е	П
Я	Ъ	Њ	Ъ	Љ	Ф	Ч	К	Ж	Ц	Ы	О	Щ	О

ГУРБА	МУШ
ГОВ	ТУТИИ
САГ	ЩЕНОК
МОХИ	ХАРГӮШ
БУЗ	САНГПУШТ
ХОМЯК	ВЕТЕРИНАР
ЯЩЕРИЦА	ОБ

96 - Jazz

```
К Р Т С Е К Р О Қ И Ъ Д Ы М
К О І Е И І К М Ю Н С Ъ Ъ М
К К Н І Е Я М Т У С Ч Ч Ф Л
С А І С Г Љ Ф И Ю С О О Н Д
Ц Т Ы Қ Е В Ч Р Щ Ц И Қ А Т
Ь С И Њ Г Р Т І Ж Љ Т К В Е
Ч А Г Л С Ш Т Ь Қ Ь А М Й Х
Л Б Ф М Ь М У Н Т А Х А Б Н
И М П Р О В И З А Ц И Я М И
Я І Н Ы С У Р У Д Т Ы М А К
Т А Л А Н Т А Л Б О М П Ш А
Е Е Т Ж С Д Б Щ Х Ы Я Л Х Г
Щ М Х Ч В Қ Л Њ В С Е Ч У Х
Ш Ю В Д Ф И Д Ч В И Л Х Р О
```

АЛБОМ	НАВ
БАСТАКОР	ОРКЕСТР
КОНСЕРТ	РИТМ
МАШХУР	СУРУД
МУНТАХАБ	СТИЛЬ
ИМПРОВИЗАЦИЯ	ТАЛАНТ
МУСИКЙ	ТЕХНИКА

97 - Nature

```
В А Л Н Љ Е Ѓ Д Ф Ш Ж Њ Ч А
Т У М А Н О Б Ё И Б Ю Щ О Е
Х Х Қ Ҳ Г Њ В В Қ І У Т Т Љ
У Љ Г У Ъ Н Е Р Е С М Ғ Д Љ
Т Б Щ Ш А Д А Ъ Х Я Л Ш Ч Л
Я Ы Ъ Ц Ч Х И Ч Ч Н В Т Г Ы
Б У Њ Г В Ж Б Н У Ф Х Я И Ы
Д А Р Ь Е У Д Ҳ А З Е Б О Й
М Ы П Ч Б Ь К Т П М В Г Х Ь
Њ М С Ф Х Я І Љ В Л И Ъ Г Д
В А Х Ш П Я И З О Р Э К Р Љ
М О Щ Е Ю А Р М Ц Б Я Ъ А Ц
Њ Ғ П А Р К Т И К А Ѓ Я Б Ч
Ъ Љ Ш В Б Щ К И П О Р Т А Я
```

АРКТИК	БАРГХО
ЗЕБОЙ	ЧАНГАЛ
АБР	ПИРЯХ
БИЁБОН	ДАРЬЕ
ДИНАМИК	СЕРЕН
ЭРОЗИЯ	ТРОПИК
ТУМАН	ВАХШ

98 - Championship

```
М М Ғ Б М Ж Р А Я И Ч Њ С Ц
Е Р Е Н Т У Р Н И Р Е А У Ь
Д Т Г Њ А Љ С Ъ Г Р М В Д В
А Т С А Д Ъ Ҳ Ь Е Ъ П А Я Г
Л Љ Б И Қ Ъ Ш Ч Т С И С К Ҳ
И Х Ы У Л Р Ь Е А Ҷ О М Ж Р
Ц Ю М Ъ Р А Ь М Р Ы Н А Ы Н
А І Р С Л Д Н П Т Ь И Н Я О
В А Р З И Ш И И С Ғ Т Д Ш Р
Б О З И Ҳ О Г О Ф Ъ К Ї Ъ С
Ы Р Ҳ Ш И М Б Н Е Ғ Ч Ы Ш Љ
Т Р Е Н Е Р П А Л И Г А Д Қ
В О А Ф О Ғ М Т Е С К Ҳ С Ф
Р Ж Ф Ф Б Ф Г Щ Д Ц Т Ж Б Т
```

ЧЕМПИОН	МЕДАЛИ
ЧЕМПИОНАТ	ЊАВАСМАНДЇ
ТРЕНЕР	ВАРЗИШ
ФИНАЛИСТ	СТРАТЕГИЯ
БОЗИҲО	ДАСТА
СУДЯ	ТУРНИР
ЛИГА	БУРДИ

99 - Vacation #2

```
Е  Ғ  І  П  Л  Б  Б  Д  Щ  М  І  Я  Р  Ш
Ғ  П  Ц  Е  Ч  Ц  Б  И  С  Е  И  Ъ  П  И
Р  А  Ф  А  С  А  Е  Д  Я  Х  С  Ч  Г  Ы
Н  С  Ҷ  Ғ  Г  Ғ  Р  О  В  М  Т  Ч  О  Қ
Щ  П  Т  Ы  Т  Њ  І  В  Ь  О  И  І  Р  Ы
Ф  О  М  І  Р  И  З  А  Ч  Н  Р  Ғ  Ҳ  Њ
Ж  Р  М  У  О  Е  И  Р  С  Х  О  О  С  Я
Ч  Т  У  К  П  Б  Л  С  Ц  О  Х  Т  Т  Ь
Ғ  Л  Ҷ  Я  О  Б  И  Ч  К  Н  А  М  Г  Т
И  Ғ  Ҷ  І  Р  Ҳ  А  Б  Н  А  Т  Б  С  О
Л  У  Ц  Я  Э  Я  М  О  Ч  Е  Т  С  А  О
Ш  Ч  С  Ц  А  Ғ  Й  Х  А  Р  И  Т  А  Д
Ы  С  Н  Ҳ  Ы  Ҷ  А  Н  А  К  Л  И  Ё  Т
Д  Њ  К  Р  Ҷ  С  Х  Х  Ж  Я  Ъ  И  С  Ч
```

АЭРОПОРТ	ПАСПОРТ
БИЧ	БАҲР
МЕХМОНХОНА	ТАКСИ
ЧАЗИР	ХАЙМАИ
САФАР	НАКЛИЁТ
ИСТИРОХАТ	РАВОДИД
ХАРИТА	

100 - Electricity

Њ Ы А Н О Ф Е Л Е Т Д Х Н Ы
Ф Ч Ы Ы Б А Қ Ъ В Ж Ю Т Љ П
В Ғ Я У Ъ Б Ч У Ь Н Х Ч О А
Б Т Х В Е Д Њ Ш П Т И Я Ь С
М Е Ь Ь К Т Г А Ҳ О Р У А Л
М Н Е Е Т Ъ Қ Б Ч А Р О Ғ Ь
Б Г Я Њ Х Ч П А М У С Б А Т
Ъ А Е Ч О Ф Я К К Ғ Љ М І Њ
Щ М Р Е З А Л А Л А Р Щ Ы И
В Ж А Қ К И Б И Ы Н Б М Ғ Љ
С Л Т А Й Ф І Ь В Н Т Е Ш Д
П Д А Г Е Н Е Р А Т О Р Л Ж
Ч Ҳ Б С М А Э Л Е К Т Р И К
Л Ҳ Қ Ю Қ М Ш Ы Р Р Ц Ғ У Ю

БАТАРЕЯ	МАГНЕТ
КАБЕЛ	МАНФИ
БАРҚЙ	ШАБАКАИ
ЭЛЕКТРИК	ОБЪЕКТХО
ГЕНЕРАТОР	МУСБАТ
ЧАРОҒ	ТЕЛЕФОН
ЛАЗЕР	

1 - Antiques

2 - Food #1

3 - Measurements

4 - Farm #2

5 - Books

6 - Days and Months

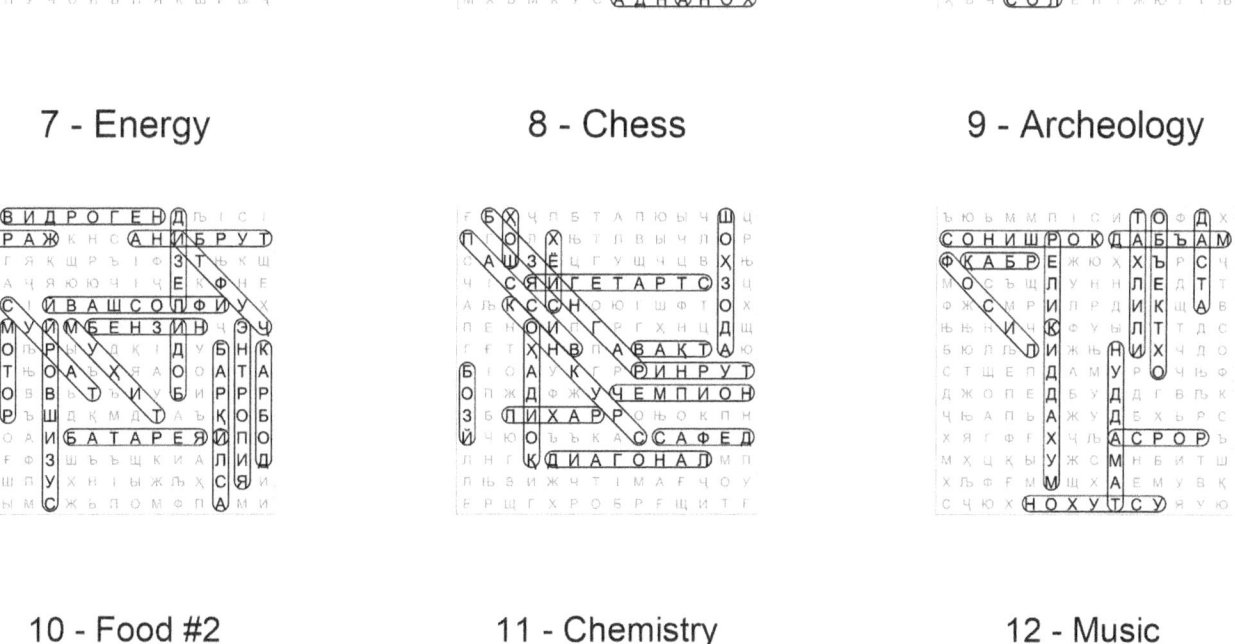

7 - Energy

8 - Chess

9 - Archeology

10 - Food #2

11 - Chemistry

12 - Music

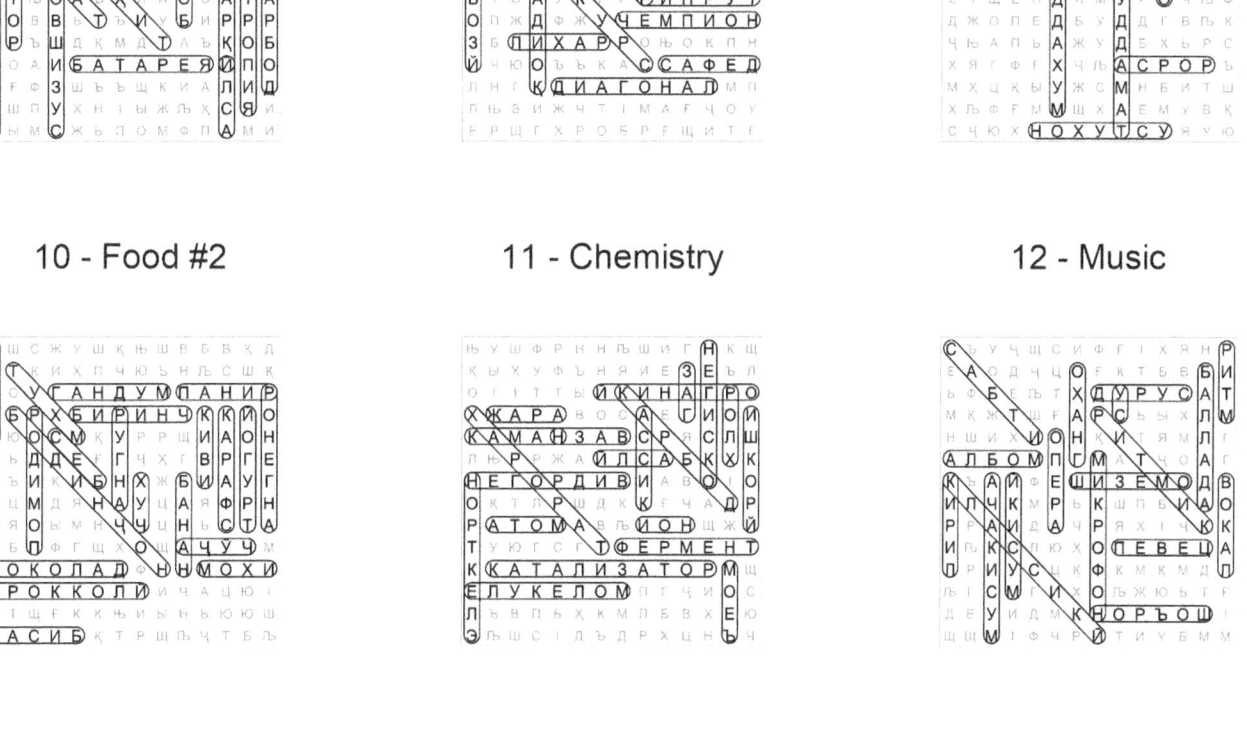

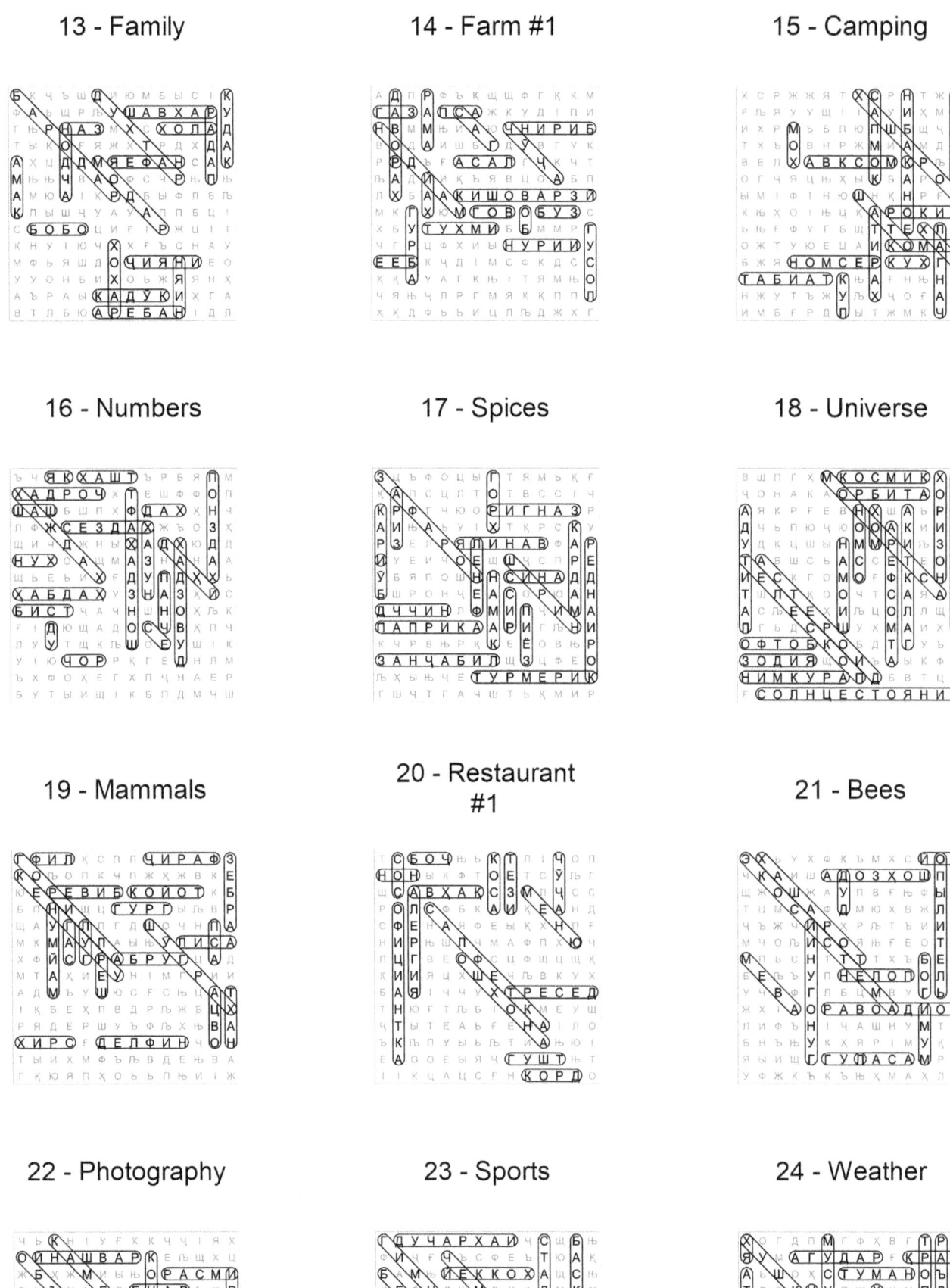

13 - Family

14 - Farm #1

15 - Camping

16 - Numbers

17 - Spices

18 - Universe

19 - Mammals

20 - Restaurant #1

21 - Bees

22 - Photography

23 - Sports

24 - Weather

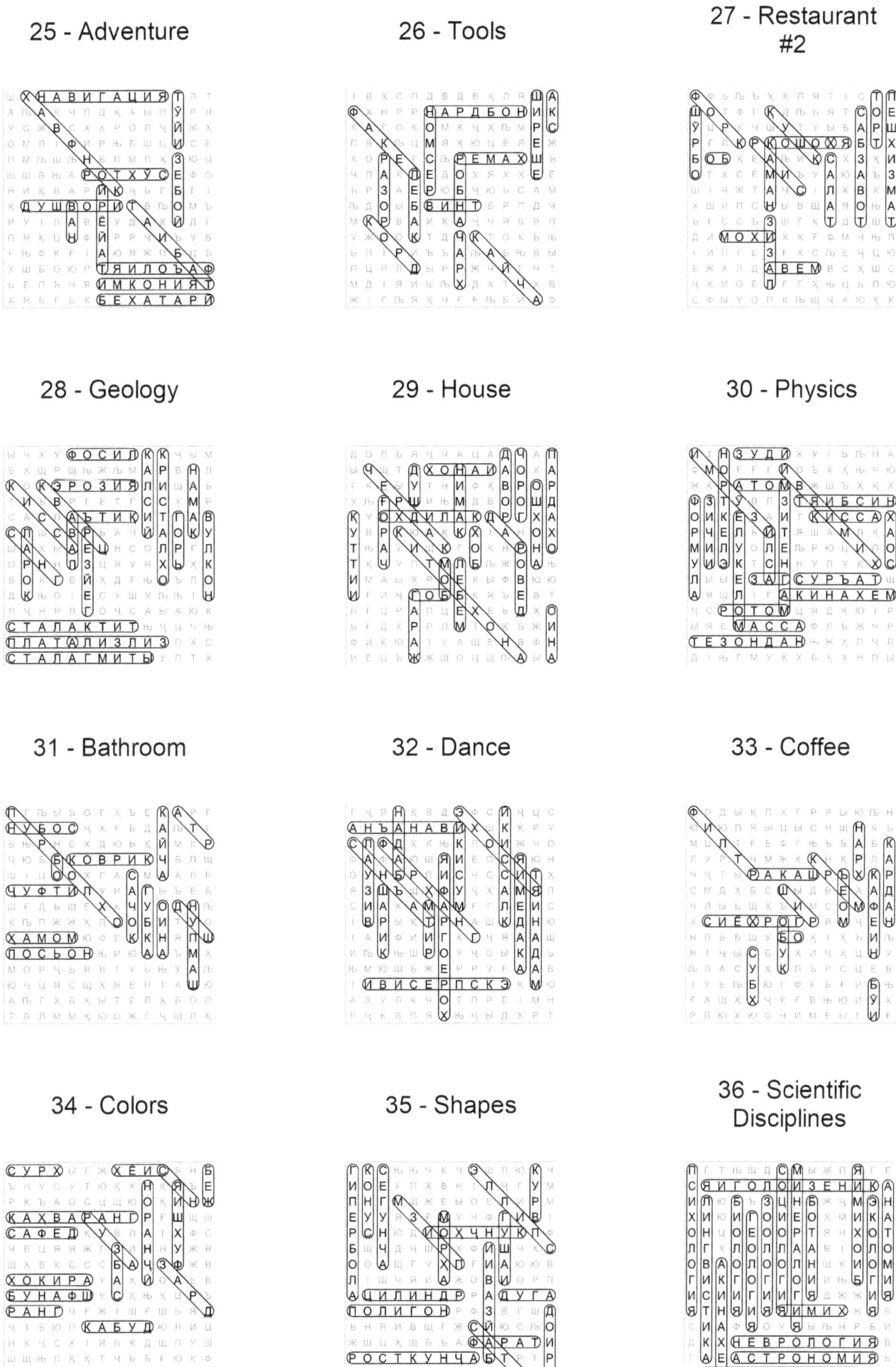

25 - Adventure

26 - Tools

27 - Restaurant #2

28 - Geology

29 - House

30 - Physics

31 - Bathroom

32 - Dance

33 - Coffee

34 - Colors

35 - Shapes

36 - Scientific Disciplines

37 - Science

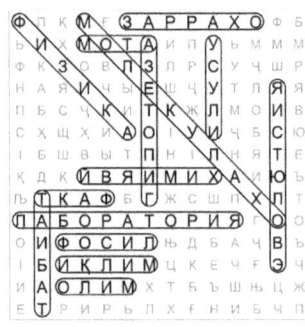

38 - Beauty

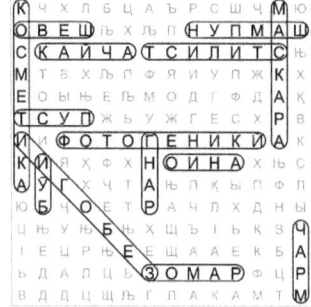

39 - To Fill

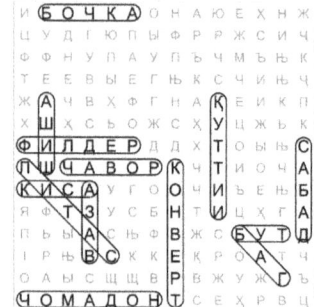

40 - Clothes

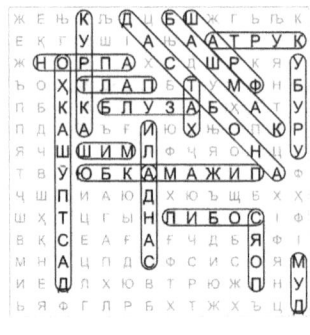

41 - Ethics

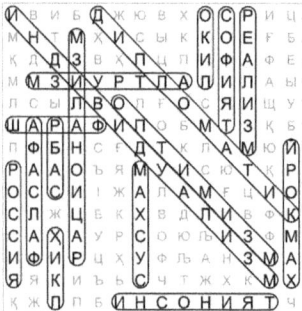

42 - Insects

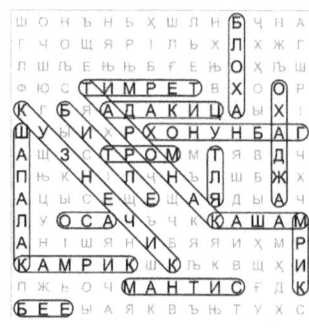

43 - Astronomy

44 - Health and Wellness #2

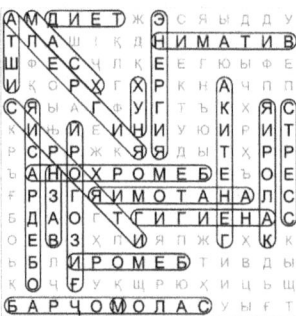

45 - Time

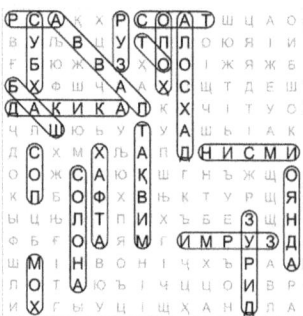

46 - Buildings

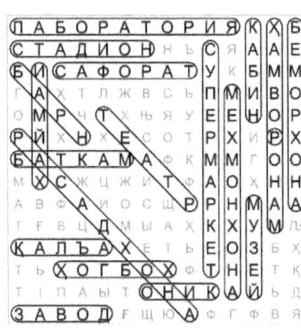

47 - Gardening

48 - Herbalism

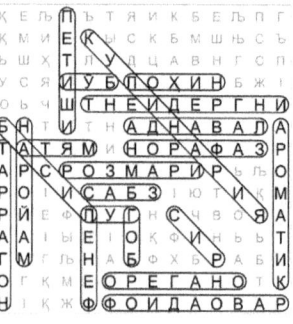

49 - Vehicles

50 - Flowers

51 - Health and Wellness #1

52 - Town

53 - Antarctica

54 - Ballet

55 - Human Body

56 - Musical Instruments

57 - Fruit

58 - Engineering

59 - Government

60 - Art Supplies

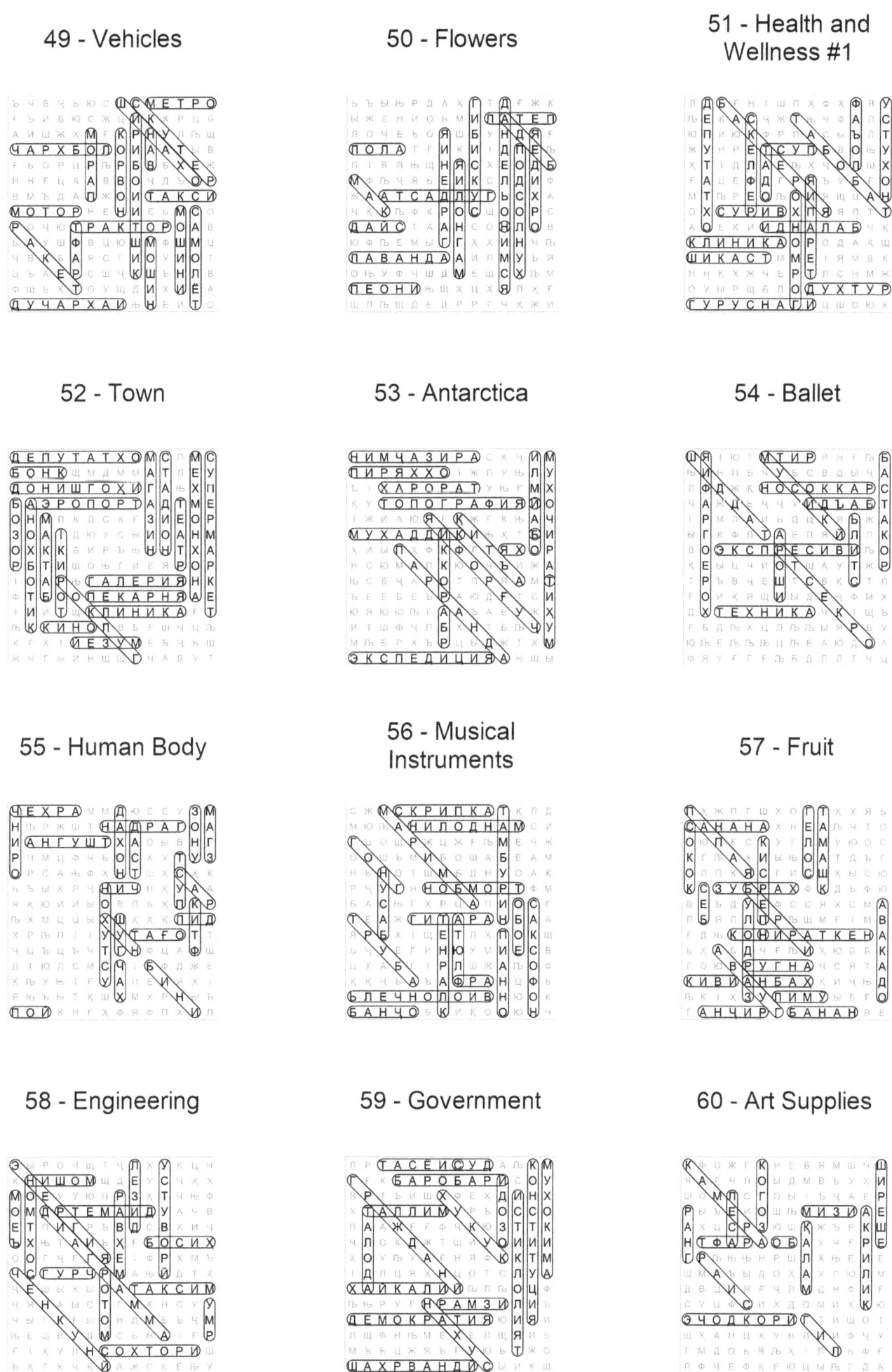

61 - Science Fiction

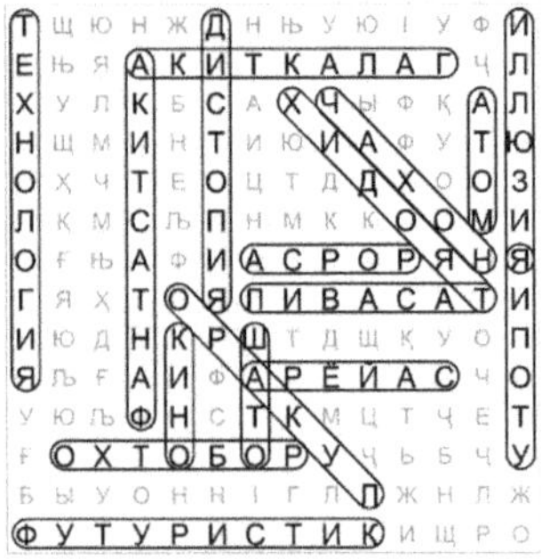

62 - Geometry

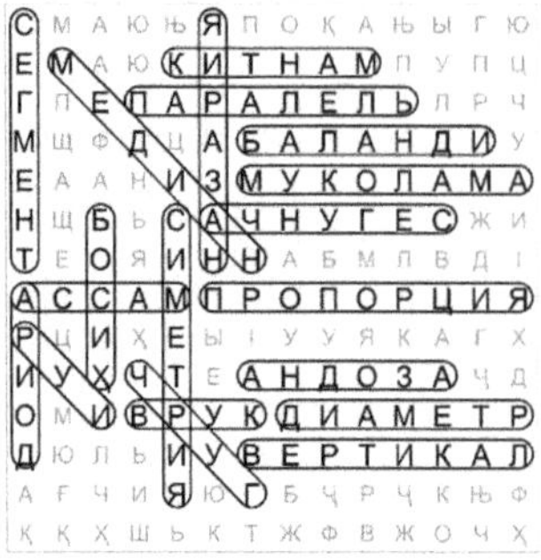

63 - Creativity

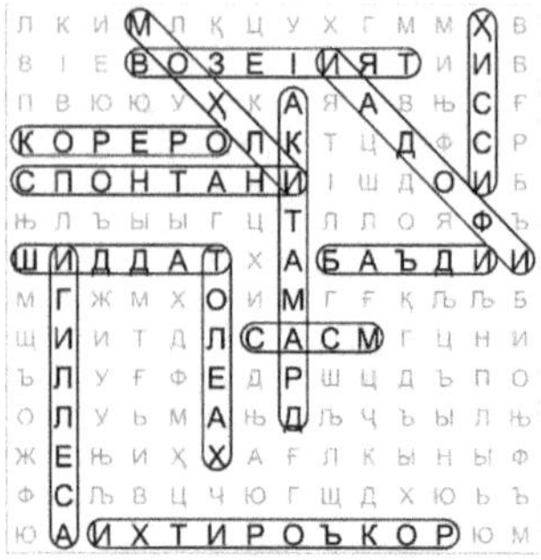

64 - Airplanes

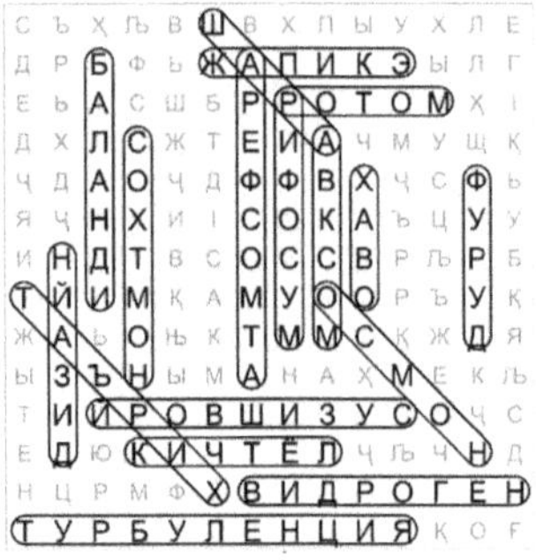

65 - Ocean

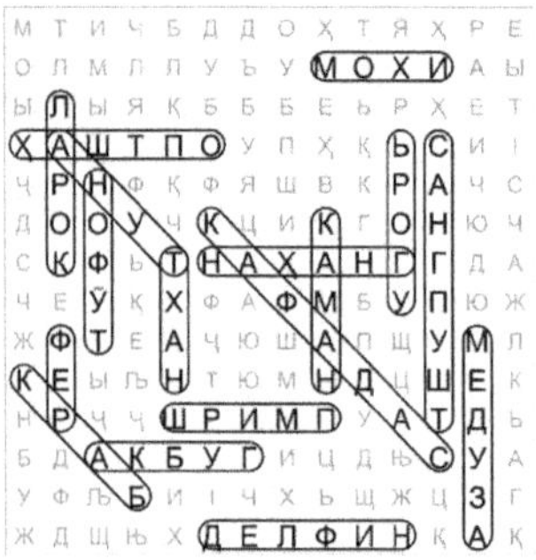

66 - Force and Gravity

67 - Birds

68 - Nutrition

69 - Professions #1

70 - Barbecues

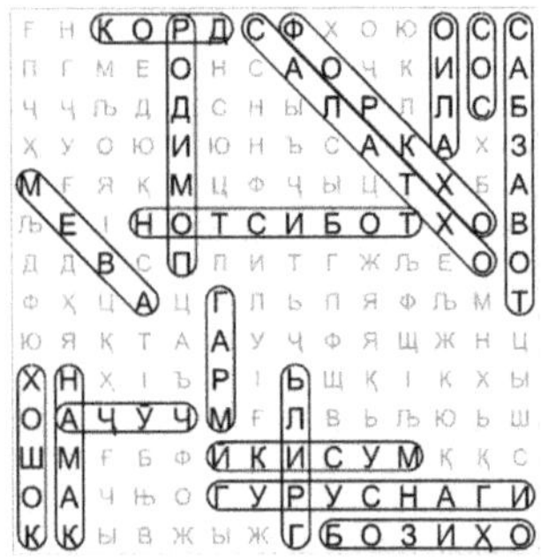

71 - Chocolate

72 - Vegetables

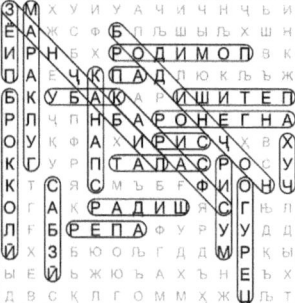

73 - Boats

74 - Activities and Leisure

75 - Driving

76 - Professions #2

77 - Mythology

78 - Hair Types

79 - Garden

80 - Diplomacy

81 - Countries #1

82 - Adjectives #1

83 - Technology

84 - Landscapes

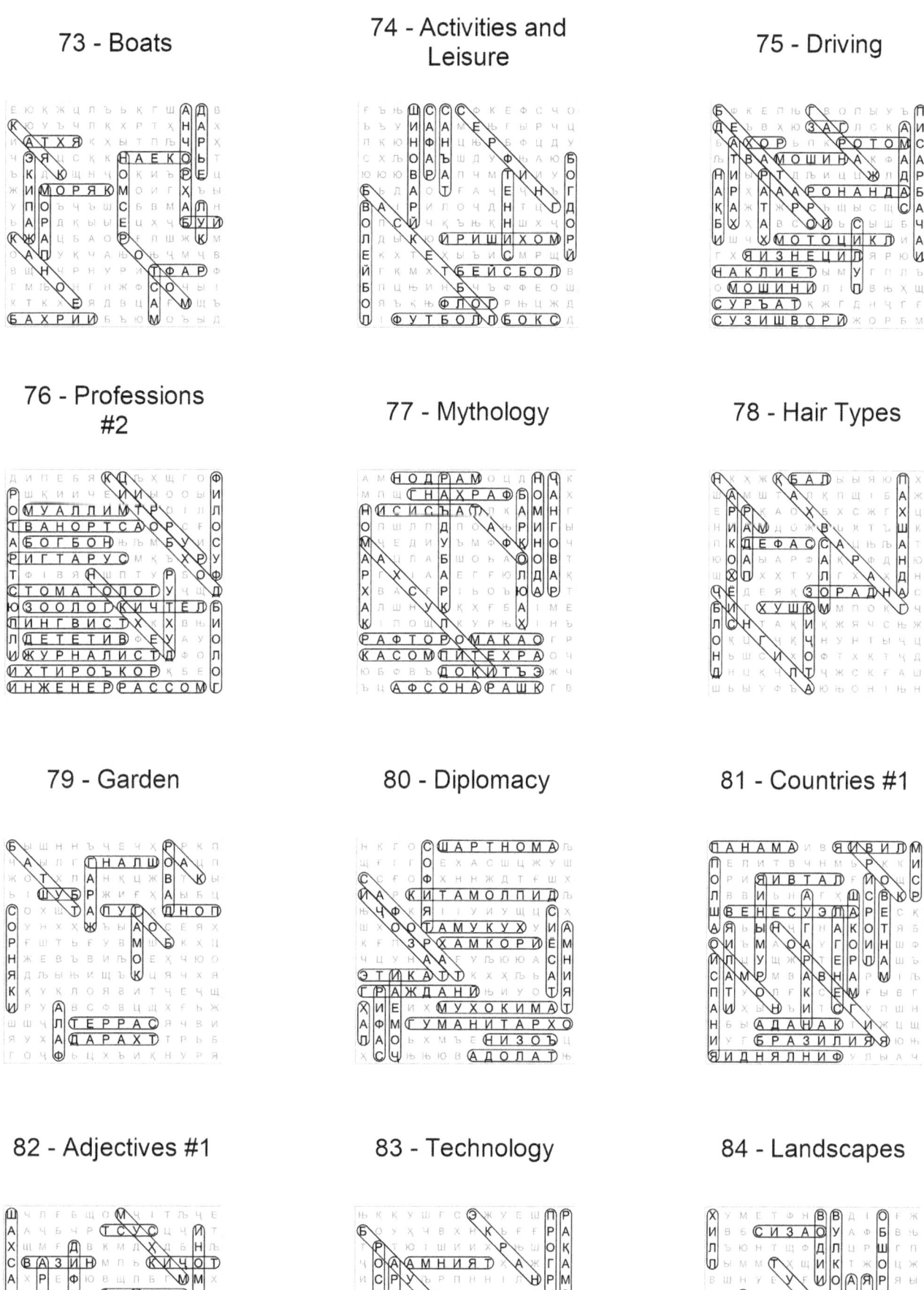

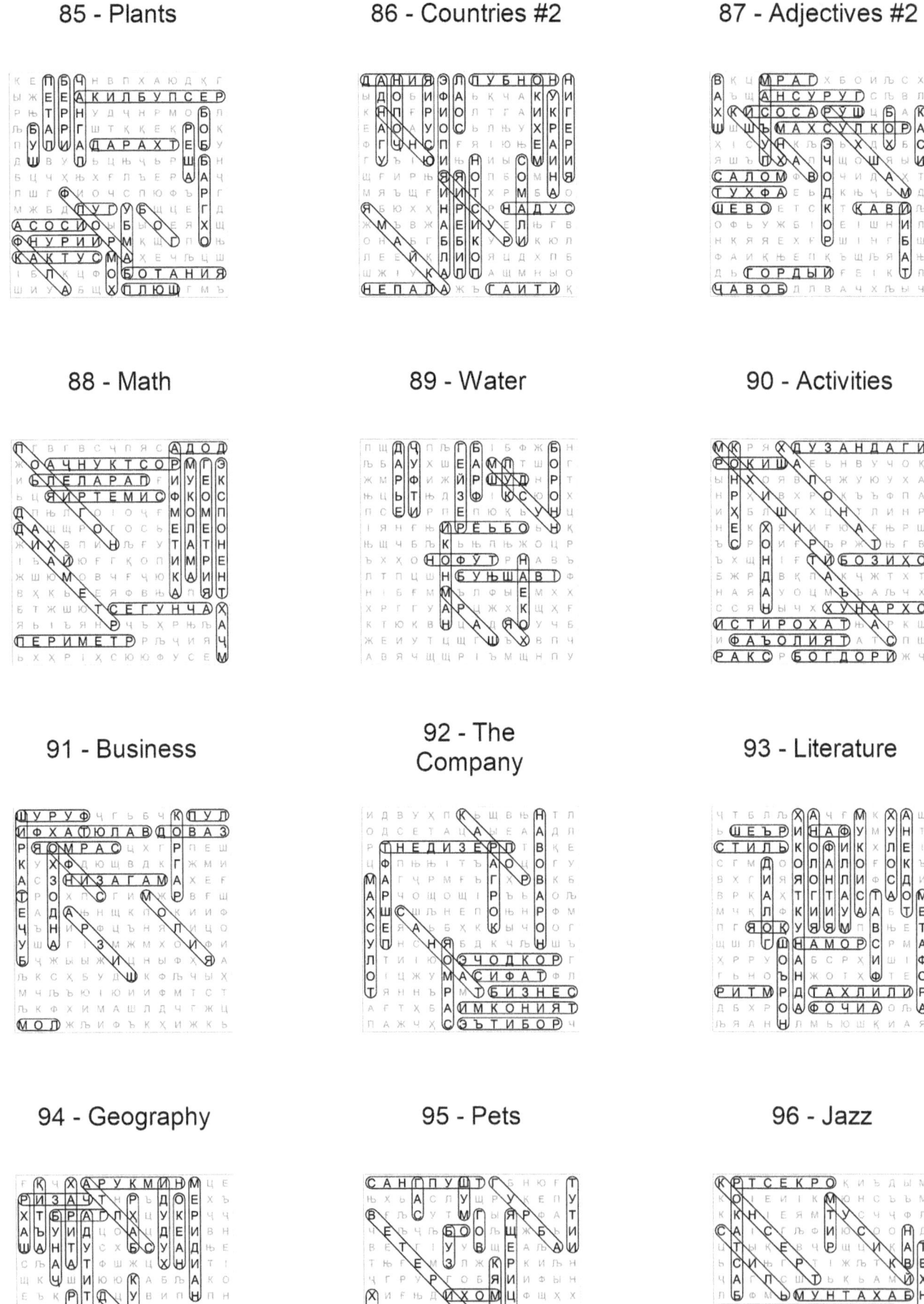

85 - Plants

86 - Countries #2

87 - Adjectives #2

88 - Math

89 - Water

90 - Activities

91 - Business

92 - The Company

93 - Literature

94 - Geography

95 - Pets

96 - Jazz

97 - Nature

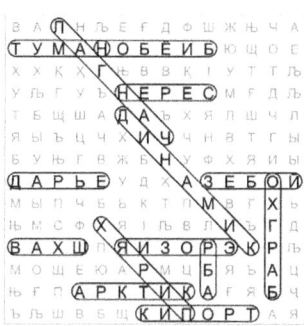

98 - Championship

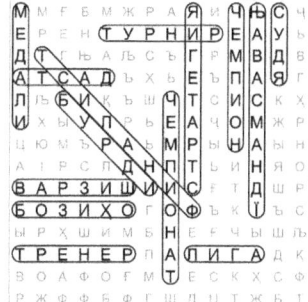

99 - Vacation #2

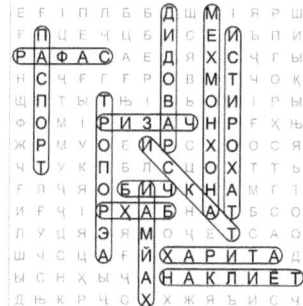

100 - Electricity

Dictionary

Activities
Чорабиниҳо

Activity	Фаъолият
Art	Санъат
Crafts	Хунарҳо
Dancing	Ракс
Fishing	Моҳиширӣ
Games	Бозиҳо
Gardening	Боғдорӣ
Hunting	Шикор
Leisure	Истироҳат
Magic	Сеҳрнок
Pleasure	Халонат
Reading	Хондан
Sewing	Дузандаги

Activities and Leisure
Фаъолият ва Истироҳат

Art	Санъат
Baseball	Бейсбол
Basketball	Баскетбол
Boxing	Бокс
Fishing	Моҳиширӣ
Gardening	Боғдорӣ
Golf	Голф
Soccer	Футбол
Surfing	Серфинг
Swimming	Шиноварӣ
Tennis	Теннис
Travel	Сафар
Volleyball	Волейбол

Adjectives #1
Прилагательные № 1

Absolute	Мутлақ
Ambitious	Амбициозный
Aromatic	Ароматик
Artistic	Баъди
Attractive	Чалби
Beautiful	Зебо
Dark	Тора
Exotic	Экзотик
Generous	Щедрый
Happy	Хушо
Heavy	Вазин
Helpful	Муфид
Honest	Рост
Identical	Шахсанд
Important	Муҳим
Modern	Замони
Serious	Чидди
Slow	Суст
Thin	Тоҷик
Valuable	Арзанда

Adjectives #2
Прилагательные № 2

Authentic	Асосӣ
Creative	Эҷодкор
Descriptive	Каси
Dry	Хушк
Elegant	Шево
Famous	Машхур
Gifted	Тухфа
Healthy	Салом
Hot	Гарм
Hungry	Гурусна
Interesting	Ҷавоб
Natural	Табий
New	Нав
Productive	Махсулкор
Proud	Гордый
Responsible	Масъул
Salty	Шӯр
Sleepy	Хоб
Strong	Қавӣ
Wild	Вахш

Adventure
Саргузашт

Activity	Фаъолият
Beauty	Зебой
Chance	Имконият
Dangerous	Хавфнок
Difficulty	Душвори
Excursion	Сӯхтор
Nature	Табиат
Navigation	Навигация
New	Нав
Preparation	Тайёрӣ
Safety	Бехатарӣ
Unusual	Тӯйи

Airplanes
Ҳавопаймоҳо

Adventure	Москва
Air	Хаво
Atmosphere	Атмосфера
Balloon	Шара
Construction	Сохтмон
Crew	Экипаж
Descent	Фуруд
Design	Дизайн
Engine	Мотор
Fuel	Сузишворӣ
Height	Баланди
History	Таърих
Hydrogen	Видроген
Passenger	Мусофир
Pilot	Лётчик
Sky	Осмон
Turbulence	Турбуленция

Antarctica
Антарктида

Bay	Бай
Birds	Парранда
Clouds	Абр
Continent	Қитъа
Environment	Муҳит
Expedition	Экспедиция
Geography	Ҷуғрофия
Glaciers	Пиряххо
Ice	Ях
Migration	Мухочират
Peninsula	Нимҷазира
Researcher	Мухаддик
Rocky	Рокки
Scientific	Илмӣ
Temperature	Харорат
Topography	Топография
Water	Об

Antiques
Антиквариат

Art	Санъат
Auction	Музояда
Authentic	Асосӣ
Century	Аср
Coins	Танга
Decorative	Ороиши
Elegant	Шево
Furniture	Мебел
Gallery	Галерия
Investment	Сармоя
Price	Нарх
Quality	Сифат
Style	Стиль
Unusual	Тӯйи
Value	Арзиш

Archeology
Бостоншиносӣ

Analysis	Тахлили
Bones	Устухон
Civilization	Тамаддун
Expert	Коршинос
Fossil	Фосил
Mystery	Асрор
Objects	Объектхо
Relic	Релик
Researcher	Мухаддик
Team	Даста
Temple	Маъбад
Tomb	Қабр

Art Supplies
Бадей Мансубияти

Acrylic	Акрилик
Camera	Камера
Chair	Раис
Clay	Гил
Creativity	Эҷодкорӣ
Easel	Асел
Glue	Ширеше
Ink	Ранг
Oil	Рафт
Paper	Когоз
Pencils	Қалам
Table	Мизи
Water	Об

Astronomy
Астрономия

Asteroid	Астероид
Astronaut	Астронавт
Astronomer	Астроном
Constellation	Бурҷхо
Cosmos	Космос
Earth	Замин
Eclipse	Чин
Equinox	Равноденствие
Galaxy	Галактика
Meteor	Метеор
Moon	Мох
Nebula	Набула
Observatory	Расадхона
Planet	Сайёра
Radiation	Радиация
Rocket	Ракет
Satellite	Спутник
Sky	Осмон
Supernova	Супернова
Zodiac	Зодия

Ballet
Балет

Artistic	Баъди
Choreography	Хореография
Composer	Бастакор
Dancers	Раккосон
Expressive	Экспресиви
Gesture	Ишора
Intensity	Шиддат
Music	Мусикӣ
Orchestra	Оркестр
Rhythm	Ритм
Style	Стиль
Technique	Техника

Barbecues
Барбекюхо

Chicken	Чӯча
Dinner	Хошок
Family	Оила
Forks	Форкхо
Fruit	Мева
Games	Бозихо
Grill	Гриль
Hot	Гарм
Hunger	Гуруснаги
Knives	Корд
Music	Мусикй
Salads	Салатхо
Salt	Намак
Sauce	Сос
Summer	Тобистон
Tomatoes	Помидор
Vegetables	Сабзавот

Bathroom
Ванная

Bath	Ҳамом
Bubbles	Пурболхо
Lotion	Лосьон
Mirror	Оина
Perfume	Атр
Rug	Коврик
Scissors	Кайча
Shampoo	Шампун
Shower	Душ
Soap	Собун
Sponge	Губка
Steam	Чуфти
Towel	Сачок
Water	Об

Beauty
Зебой

Charm	Чарм
Color	Ранг
Cosmetics	Косметика
Elegance	Зебогии
Elegant	Шево
Fragrance	Бӯи
Lipstick	Рамоз
Mascara	Маскара
Mirror	Оина
Photogenic	Фотогеникй
Scissors	Кайча
Shampoo	Шампун
Skin	Пуст
Stylist	Стилист

Bees
Занбурхо

Beneficial	Фоидаовар
Diversity	Гуногунии
Ecosystem	Экосистема
Flowers	Гул
Fruit	Мева
Garden	Бог
Honey	Асал
Insect	Хашарот
Pollen	Полен
Pollinator	Опылитель
Queen	Шохзода
Smoke	Дуд
Swarm	Рой
Wax	Муми

Birds
Паррандагон

Canary	Канар
Chicken	Чӯча
Crow	Заг
Cuckoo	Куку
Duck	Мурғобй
Eagle	Уқоб
Egg	Тухм
Flamingo	Фламинго
Goose	Қоз
Gull	Гул
Heron	Херон
Ostrich	Страус
Parrot	Тутии
Peacock	Тавус
Pelican	Пеликан
Penguin	Ӏсмм
Sparrow	Гунчох
Stork	Аист
Swan	Свон
Toucan	Тукан

Boats
Киштихо

Anchor	Анчор
Buoy	Буй
Canoe	Каное
Crew	Экипаж
Engine	Мотор
Ferry	Паром
Kayak	Каяк
Lake	Кул
Mast	Маст
Nautical	Бахрии
Ocean	Океан
Raft	Рафт
River	Дарье
Rope	Ресмон
Sailor	Моряк
Sea	Бахр
Yacht	Яхта

Books
Китобҳо

Adventure	Москва
Author	Муаллиф
Collection	Коллекция
Context	Карина
Duality	Духтари
Epic	Эпик
Historical	Таърихӣ
Humorous	Музди
Inventive	Ихтироъкор
Literary	Адабиёт
Narrator	Ҳикояткунанда
Novel	Роман
Page	Сахифа
Poetry	Шеър
Reader	Хонанда
Relevant	Баро
Story	Ҳикоят
Tragic	Фочиаовар

Buildings
Биноҳо

Apartment	Ҳамвор
Barn	Барн
Cabin	Кабин
Castle	Қалъа
Cinema	Кино
Embassy	Сафорат
Factory	Завод
Hospital	Беморхона
Hostel	Хобгоҳ
Hotel	Мехмонхона
Laboratory	Лаборатория
Museum	Музей
Observatory	Расадхона
School	Мактаб
Stadium	Стадион
Supermarket	Супермаркет
Tent	Хаймаи
Theater	Театр
Tower	Манор
University	Донишгоҳи

Business
Бизнес

Budget	Бучет
Company	Ширкат
Cost	Арзиш
Currency	Валют
Discount	Тахфи
Employer	Коргар
Factory	Завод
Finance	Молия
Investment	Сармоя
Merchandise	Мол
Money	Пул
Office	Офис
Sale	Фуруш
Shop	Магазин
Taxes	Андозхо

Camping
Хаймазанӣ

Adventure	Москва
Cabin	Кабин
Canoe	Каное
Compass	Компас
Fire	Оташ
Forest	Чангал
Hammock	Гамок
Hat	Хат
Hunting	Шикор
Insect	Хашарот
Lake	Кул
Map	Харита
Moon	Мох
Mountain	Кух
Nature	Табиат
Rope	Ресмон
Tent	Хаймаи

Championship
Чемпионати

Champion	Чемпион
Championship	Чемпионат
Coach	Тренер
Finalist	Финалист
Games	Бозиҳо
Judge	Судя
League	Лига
Medal	Медали
Motivation	Њавасмандӣ
Sports	Варзиш
Strategy	Стратегия
Team	Даста
Tournament	Турнир
Victory	Бурди

Chemistry
Химия

Acid	Кисса
Alkaline	Ишкорй
Atomic	Атом
Carbon	Карбод
Catalyst	Катализатор
Chlorine	Хлор
Electron	Электрон
Enzyme	Фермент
Gas	Газ
Heat	Жара
Hydrogen	Видроген
Ion	Ион
Liquid	Моеъ
Molecule	Молекуле
Nuclear	Аслй
Organic	Органикй
Oxygen	Оксиген
Salt	Намак
Temperature	Харорат
Weight	Вазн

Chess
Шоҳмот

Black	Сиёх
Champion	Чемпион
Contest	Конкурс
Diagonal	Диагонал
Game	Бозй
King	Шоҳ
Opponent	Рахил
Passive	Пассив
Player	Бозингар
Queen	Шоҳзода
Rules	Қоидаҳо
Strategy	Стратегия
Time	Вақт
Tournament	Турнир
White	Сафед

Chocolate
Шоколад

Antioxidant	Антиоксидант
Bitter	Горх
Cacao	Какао
Calories	Калория
Coconut	Кокос
Delicious	Лазиз
Exotic	Экзотик
Favorite	Дӯстдошта
Flavor	Бӯи
Ingredient	Ингредиент
Quality	Сифат
Sugar	Шакар
Sweet	Ширин
Taste	Таъми

Clothes
Харидани Либос

Apron	Апрон
Belt	Пояс
Blouse	Блуза
Bracelet	Дастбона
Coat	Палт
Dress	Либос
Fashion	Муд
Gloves	Дастпӯшакхо
Hat	Хат
Jacket	Куртка
Pajamas	Пижама
Pants	Шим
Sandals	Сандали
Scarf	Шарф
Shirt	Курта
Shoe	Башмак
Skirt	Юбка
Sweater	Убуру

Coffee
Қаҳва

Bitter	Горх
Black	Сиёх
Caffeine	Кафеин
Cream	Крем
Cup	Кубо
Filter	Филтр
Flavor	Бӯи
Grind	Кардан
Liquid	Моеъ
Milk	Шир
Morning	Субх
Price	Нарх
Sugar	Шакар
Water	Об

Colors
Рангҳо

Azure	Азур
Beige	Беж
Black	Сиёх
Blue	Кабуд
Brown	Қаҳваранг
Cyan	Сян
Fuchsia	Фухшия
Green	Сабз
Grey	Хокира
Orange	Норанчй
Pink	Ранг
Purple	Бунафш
Red	Сурх
White	Сафед
Yellow	Зард

Countries #1
Кишварҳои №1

Brazil	Бразилия
Canada	Канада
Egypt	Миср
Finland	Финляндия
Germany	Олмон
Iraq	Ирок
Israel	Исроил
Italy	Италия
Latvia	Латвия
Libya	Ливия
Morocco	Марокаш
Nicaragua	Никарагуа
Norway	Норвегия
Panama	Панама
Poland	Полша
Romania	Румыния
Senegal	Сенегал
Spain	Испания
Venezuela	Венесуэла
Vietnam	Ветнам

Countries #2
Кишварҳои №2

Albania	Албания
Denmark	Дания
Ethiopia	Эфиопия
Greece	Юнон
Haiti	Гаити
Jamaica	Ямайка
Japan	Ҷопон
Laos	Лаос
Lebanon	Лубнон
Liberia	Либерия
Mexico	Мехико
Nepal	Непал
Nigeria	Нигерия
Pakistan	Покистон
Russia	Русия
Somalia	Сомали
Sudan	Судан
Syria	Сурия
Uganda	Уганда
Ukraine	Украина

Creativity
Эҷодкорӣ

Artistic	Баъди
Authenticity	Аселлиги
Clarity	Возеіият
Dramatic	Драматика
Expression	Ифодаи
Image	Сасм
Imagination	Хаелот
Inspiration	Илҳом
Intensity	Шиддат
Inventive	Ихтироъкор
Sensation	Ҳисси
Spontaneous	Спонтани
Vitality	Кореро

Dance
Ращс

Academy	Академия
Art	Санъат
Body	Бадан
Choreography	Хореография
Classical	Классикӣ
Cultural	Маданият
Culture	Фарҳанг
Emotion	Эхосия
Expressive	Экспресиви
Music	Мусикӣ
Partner	Шарик
Rhythm	Ритм
Traditional	Анъанавӣ
Visual	Визуал

Days and Months
Рӯзҳо ва Моҳҳо

April	Апрел
August	Август
Calendar	Тақвим
February	Феврал
Friday	Чумъа
January	Январ
July	Июл
March	Март
Monday	Душанбе
Month	Мох
November	Ноябр
October	Октябрь
Saturday	Шанбе
September	Сентябр
Sunday	Якшанбе
Thursday	Панчшанбе
Tuesday	Сешанбе
Wednesday	Чш
Week	Хафта
Year	Сол

Diplomacy
Дипломатия

Ambassador	Сафир
Civic	Гражданӣ
Community	Ҷомеаи
Conflict	Низоъ
Cooperation	Хамкорӣ
Diplomatic	Дипломатик
Discussion	Мухокима
Embassy	Сафорат
Ethics	Этика
Government	Хукумат
Humanitarian	Гуманитархо
Integrity	Софият
Justice	Адолат
Politics	Сиёсат
Resolution	Ичозат
Security	Амният
Solution	Ҳал
Treaty	Шартнома

Driving
Рондани

Accident	Садама
Brakes	Давраро
Car	Мошин
Danger	Хатар
Driver	Ронанда
Fuel	Сузишворӣ
Garage	Гараж
Gas	Газ
License	Лицензия
Map	Харита
Motor	Мотор
Motorcycle	Мотоцикл
Pedestrian	Писарбачаи
Police	Пулис
Road	Рох
Safety	Бехатарӣ
Speed	Суръат
Traffic	Наклиет
Truck	Мошини
Tunnel	Нақби

Electricity
Нерӯи Барқ

Battery	Батарея
Cable	Кабел
Electric	Барқӣ
Electrician	Электрик
Generator	Генератор
Lamp	Чароғ
Laser	Лазер
Magnet	Магнет
Negative	Манфи
Network	Шабакаи
Objects	Объектхо
Positive	Мусбат
Telephone	Телефон

Energy
Энергетика

Battery	Батарея
Carbon	Карбод
Diesel	Дизел
Electric	Барқӣ
Electron	Электрон
Entropy	Энтропия
Environment	Муҳит
Fuel	Сузишворй
Gasoline	Бензин
Heat	Жара
Hydrogen	Видроген
Industry	Саноат
Motor	Мотор
Nuclear	Аслй
Photon	Сурат
Pollution	Ифлосшавй
Steam	Чуфти
Turbine	Турбина
Wind	Боди

Engineering
Инженерное Санъат

Angle	Гурч
Axis	Меҳвар
Calculation	Ҳисоб
Construction	Сохтмон
Depth	Умр
Diagram	Диаграмма
Diameter	Диаметр
Diesel	Дизел
Distribution	Таксим
Energy	Энергия
Liquid	Моеъ
Machine	Мошин
Measurement	Ченкунй
Motor	Мотор
Stability	Устуворй
Structure	Сохтори

Ethics
Этикаи

Altruism	Алтруизм
Compassion	Махсус
Cooperation	Хамкорй
Dignity	Шараф
Diplomatic	Дипломатик
Honesty	Россия
Humanity	Инсоният
Individualism	Индивидуализм
Integrity	Софият
Optimism	Оптимизм
Patience	Сабр
Philosophy	Фалсафа
Rationality	Рационализм
Realism	Реализм
Reasonable	Окил
Wisdom	Ҳикл

Family
Оила

Ancestor	Ачдон
Aunt	Хола
Brother	Бародар
Child	Кудак
Childhood	Кӯдак
Cousin	Чияни
Daughter	Духтар
Grandchild	Набера
Grandfather	Бобо
Husband	Шавхар
Mother	Модар
Nephew	Нафея
Niece	Ниян
Paternal	Падар
Sister	Хохар
Uncle	Амак
Wife	Зан

Farm #1
Хочагии Раками 1

Agriculture	Кишоварзй
Bee	Бее
Calf	Гусол
Cat	Гурба
Chicken	Чӯча
Cow	Гов
Crow	Заг
Dog	Саг
Donkey	Хар
Fence	Давор
Fertilizer	Нурии
Field	Майдон
Flock	Рама
Goat	Буз
Hay	Хай
Honey	Асал
Horse	Асп
Rice	Биринч
Seeds	Тухми
Water	Об

Farm #2
Хочагии Раками 2

Barley	Љав
Barn	Барн
Corn	Чуворй
Duck	Мурғобй
Farmer	Дехкон
Fruit	Мева
Irrigation	Обьёрй
Lamb	Гӯсфанд
Llama	Лама
Meadow	Луг
Milk	Шир
Sheep	Овца
Tractor	Трактор
Wheat	Гандум

Flowers
Гулхо

Bouquet	Гулдаста
Clover	Беда
Daisy	Дайс
Dandelion	Дандельон
Gardenia	Гардения
Hibiscus	Гибискус
Jasmine	Ясмин
Lavender	Лаванда
Magnolia	Магнолия
Orchid	Орхидея
Peony	Пеони
Petal	Петал
Poppy	Мак
Sunflower	Подсолнух
Tulip	Лола

Food #1
Озуќаворї № 1

Apricot	Зардолу
Barley	Љав
Basil	Басил
Carrot	Сабзй
Cinnamon	Дччин
Garlic	Сир
Juice	Шарбат
Lemon	Лимӯ
Milk	Шир
Onion	Пиёз
Peanut	Арахис
Pear	Нок
Salad	Салат
Salt	Намак
Soup	Шӯрбо
Spinach	Спанак
Strawberry	Клубника
Sugar	Шакар
Tuna	Туна
Turnip	Репа

Food #2
Озуќаворї № 2

Apple	Себ
Artichoke	Ангенор
Banana	Банан
Broccoli	Брокколй
Celery	Карафс
Cheese	Панир
Cherry	Гелос
Chicken	Чӯча
Chocolate	Шоколад
Egg	Тухм
Eggplant	Бодинчон
Fish	Мохи
Grape	Ангур
Ham	Ҳасиб
Kiwi	Киви
Mushroom	Хуч
Rice	Биринч
Tomato	Помидор
Wheat	Гандум
Yogurt	Йогурт

Force and Gravity
Ќувват ва Вазнинии

Axis	Меҳвар
Center	Маркази
Distance	Масофа
Dynamic	Динамик
Magnetism	Магнетизм
Mechanics	Механика
Orbit	Орбита
Physics	Физика
Pressure	Фишор
Properties	Хосиятхо
Speed	Суръат
Time	Вақт
Universal	Имрӯзй
Weight	Вазн

Fruit
Мева

Apple	Себ
Apricot	Зардолу
Avocado	Авакадо
Banana	Банан
Berry	Берри
Cherry	Гелос
Coconut	Кокос
Fig	Анчир
Grape	Ангур
Guava	Гуава
Kiwi	Киви
Lemon	Лимӯ
Mango	Анбаҳ
Melon	Харбуз
Nectarine	Нектарин
Papaya	Папая
Peach	Персик
Pear	Нок
Pineapple	Ананас
Raspberry	Тамашк

Garden
Боғ

Bush	Буш
Fence	Давор
Flower	Гул
Garage	Гараж
Garden	Боғ
Grass	Алаф
Hammock	Гамок
Hose	Шланг
Pond	Понд
Rake	Рак
Terrace	Террас
Trampoline	Батут
Tree	Дарахт
Weeds	Сорняки

Gardening
Богдорӣ

Botanical	Ботаника
Bouquet	Гулдаста
Climate	Иқлим
Container	Зарф
Dirt	Лой
Edible	Хурдан
Exotic	Экзотик
Foliage	Баргхо
Hose	Шланг
Leaf	Барг
Moisture	Намнокй
Seasonal	Мавсими
Seeds	Тухми
Water	Об

Geography
География

Atlas	Атлас
City	Шаҳр
Continent	Қитъа
Country	Кишвар
Hemisphere	Нимкура
Island	Чазир
Latitude	Латитуда
Map	Харита
Meridian	Меридиан
Mountain	Кух
North	Шимол
Ocean	Океан
Region	Район
River	Дарье
Sea	Баҳр
South	Чануб
Territory	Худуди
Tropics	Тропик
West	Гарб
World	Чахон

Geology
Геология

Acid	Кисса
Calcium	Калсий
Cavern	Горь
Continent	Қитъа
Coral	Корал
Crystals	Кристалхо
Earthquake	Зилзила
Erosion	Эрозия
Fossil	Фосил
Geyser	Гейзер
Lava	Лава
Plateau	Плата
Quartz	Кварц
Salt	Намак
Stalactite	Сталактит
Stalagmites	Сталагмиты
Stone	Санг
Volcano	Вулкон

Geometry
Геометрия

Angle	Гурч
Calculation	Ҳисоб
Circle	Доира
Curve	Курв
Diameter	Диаметр
Dimension	Андоза
Equation	Муколама
Height	Баланди
Logic	Мантик
Mass	Масса
Median	Медиан
Parallel	Паралель
Proportion	Пропорция
Segment	Сегмент
Surface	Руи
Symmetry	Симетрия
Theory	Назария
Triangle	Сегунча
Vertical	Вертикал

Government
Ҳукумати

Citizenship	Шаҳрвандй
Civil	Гражданй
Constitution	Конституция
Democracy	Демократия
Discussion	Мухокима
Equality	Баробарй
Independence	Истиклолият
Judicial	Суд
Justice	Адолат
Law	Хукук
Liberty	Озодй
Monument	Хайкали
Nation	Миллат
Politics	Сиёсат
Speech	Сухан
Symbol	Рамзи

Hair Types
Намудҳои аз Пашми

Bald	Бал
Black	Сиёх
Blond	Блонд
Braided	Пахшанда
Brown	Қаҳваранг
Curly	Чингила
Dry	Хушк
Gray	Хокира
Healthy	Салом
Long	Дароз
Soft	Нарм
Thick	Падар
Thin	Тоҷик
White	Сафед

Health and Wellness #1
Саломатӣ ва хуб Самочувс

Active	Фаъол
Bacteria	Бактерия
Bones	Устухон
Clinic	Клиника
Doctor	Духтур
Fracture	Шикаст
Habit	Одат
Height	Баланди
Hormones	Гормонхо
Hunger	Гуруснаги
Pharmacy	Депутатхо
Reflex	Рефлекс
Skin	Пуст
Therapy	Терапия
Treatment	Табобат
Virus	Вирус

Health and Wellness #2
Саломатӣ ва хуб Самочувс

Allergy	Алергия
Anatomy	Анатомия
Appetite	Ишта
Blood	Хун
Calorie	Калория
Dehydration	Обедрасия
Diet	Диет
Disease	Бемори
Energy	Энергия
Genetics	Генетика
Healthy	Салом
Hospital	Беморхона
Hygiene	Гигиена
Infection	Сирояти
Massage	Масх
Nutrition	Ғизогорӣ
Recovery	Барчом
Stress	Стресс
Vitamin	Витамин
Weight	Вазн

Herbalism
Травничество

Aromatic	Ароматик
Basil	Басил
Beneficial	Фоидаовар
Culinary	Кулинария
Fennel	Фенел
Flavor	Бӯи
Flower	Гул
Garden	Бог
Garlic	Сир
Green	Сабз
Ingredient	Ингредиент
Lavender	Лаванда
Marjoram	Майоран
Mint	Мята
Oregano	Орегано
Parsley	Петиши
Plant	Нихол
Rosemary	Розмари
Saffron	Зафарон
Tarragon	Таррагон

House
Хона

Attic	Чердак
Bedroom	Хоб
Broom	Чорог
Curtains	Пардахо
Door	Дар
Fence	Давор
Fireplace	Камин
Furniture	Мебел
Garage	Гараж
Garden	Бог
Keys	Калидхо
Kitchen	Ошхона
Lamp	Чароғ
Library	Китобхона
Mirror	Оина
Roof	Бом
Room	Хонаи
Shower	Душ
Wall	Девор
Window	Қуттии

Human Body
Бадани Инсон

Ankle	Таго
Blood	Хун
Bones	Устухон
Brain	Магз
Chin	Чин
Ear	Гуш
Elbow	Оринч
Face	Чехра
Finger	Ангушт
Hand	Даст
Head	Сар
Heart	Дил
Jaw	Чах
Knee	Зону
Leg	Пой
Mouth	Дахон
Neck	Гардан
Nose	Бини
Shoulder	Китф
Skin	Пуст

Insects
Њашарот

Ant	Морт
Aphid	Тля
Bee	Бее
Beetle	Битле
Butterfly	Шапалак
Cicada	Цикада
Cockroach	Таронак
Dragonfly	Аждахо
Flea	Блоха
Grasshopper	Кузнечик
Ladybug	Хонунбаг
Larva	Кирмак
Mantis	Мантис
Mosquito	Машак
Termite	Термит
Wasp	Оса
Worm	Кирм

Jazz
Чаз

Album	Албом
Composer	Бастакор
Concert	Консерт
Famous	Машхур
Favorites	Мунтахаб
Improvisation	Импровизация
Music	Мусикй
New	Нав
Orchestra	Оркестр
Rhythm	Ритм
Song	Суруд
Style	Стиль
Talent	Талант
Technique	Техника

Landscapes
Манзарахои

Beach	Бич
Cave	Гор
Desert	Биёбон
Geyser	Гейзер
Glacier	Пирях
Hill	Хилл
Iceberg	Ясберг
Island	Чазир
Lake	Кул
Mountain	Кух
Oasis	Оазис
Ocean	Океан
Peninsula	Нимчазира
River	Дарье
Sea	Бахр
Swamp	Батлок
Tundra	Тундра
Valley	Водии
Volcano	Вулкон
Waterfall	Обшори

Literature
Адабиет

Analogy	Анология
Analysis	Тахлили
Anecdote	Анекдот
Author	Муаллиф
Comparison	Мукоиса
Conclusion	Хулоса
Description	Тавсиф
Dialogue	Диалог
Fiction	Фантия
Metaphor	Метафора
Narrator	Хикояткунанда
Novel	Роман
Poem	Шеър
Poetic	Шоърон
Rhyme	Коя
Rhythm	Ритм
Style	Стиль
Theme	Фан
Tragedy	Фочиа

Mammals
Хамаи Паррандахо, Хайвон

Bear	Хирс
Beaver	Бивер
Bull	Гул
Cat	Гурба
Coyote	Койот
Dog	Саг
Dolphin	Делфин
Elephant	Фил
Fox	Лиса
Giraffe	Чираф
Gorilla	Горилла
Horse	Асп
Kangaroo	Кенгуру
Lion	Шер
Monkey	Маймун
Rabbit	Харгӯш
Sheep	Овца
Whale	Нахт
Wolf	Гург
Zebra	Зебра

Math
Математика

Arithmetic	Арифметика
Circumference	Дода
Decimal	Дахй
Diameter	Диаметр
Equation	Муколама
Exponent	Экспонент
Geometry	Геометрия
Parallel	Паралель
Perimeter	Периметр
Polygon	Полигон
Rectangle	Росткунча
Symmetry	Симетрия
Triangle	Сегунча
Volume	Хачм

Measurements
Андозаҳо

Byte	Байт
Centimeter	Сантиметр
Decimal	Даҳӣ
Depth	Умр
Gram	Грам
Height	Баланди
Inch	Инч
Kilogram	Килограмм
Kilometer	Километр
Length	Дароз
Liter	Литр
Mass	Масса
Minute	Дакика
Ounce	Унсе
Ton	Тонна
Volume	Ҳаҷм
Weight	Вазн

Music
Мусиқӣ

Album	Албом
Ballad	Баллада
Chorus	Ус
Classical	Классикӣ
Harmony	Омезиш
Lyrical	Лирик
Melody	Оҳанг
Microphone	Микрофон
Musical	Мусикӣ
Musician	Мусикача
Opera	Опера
Poetic	Шоърон
Recording	Сабти
Rhythm	Ритм
Rhythmic	Ритмик
Sing	Суруд
Singer	Певец
Vocal	Вокал

Musical Instruments
Асбобҳои Мусикӣ

Banjo	Банҷо
Bassoon	Басун
Cello	Виолончель
Clarinet	Кларнет
Flute	Флюта
Gong	Гонг
Guitar	Гитара
Harp	Арф
Mandolin	Мандолин
Marimba	Маримба
Oboe	Обое
Piano	Пианно
Saxophone	Саксофон
Tambourine	Тамбурин
Trombone	Тромбон
Trumpet	Труба
Violin	Скрипка

Mythology
Мифология

Archetype	Архетйп
Behavior	Рафтор
Beliefs	Эътиқод
Creation	Таъсиси
Creature	Махсулоти
Culture	Фарҳанг
Disaster	Офат
Hero	Кахрамон
Immortality	Номинода
Jealousy	Рашк
Labyrinth	Макао
Legend	Афсона
Lightning	Барқ
Monster	Ҳаюло
Mortal	Мардон
Revenge	Касом
Thunder	Раъду Барк
Warrior	Ҷанговар

Nature
Табиат

Arctic	Арктик
Beauty	Зебой
Clouds	Абр
Desert	Биёбон
Dynamic	Динамик
Erosion	Эрозия
Fog	Туман
Foliage	Баргхо
Forest	Чангал
Glacier	Пирях
River	Дарье
Serene	Серен
Tropical	Тропик
Wild	Вахш

Numbers
Шумораи

Decimal	Даҳӣ
Eight	Хашт
Eighteen	Хаждах
Fifteen	Понздах
Five	Панч
Four	Чор
Fourteen	Чордах
Nine	Нух
Nineteen	Нузах
One	Як
Seven	Ҳафт
Seventeen	Ҳабдах
Six	Шаш
Sixteen	Шонздах
Ten	Дах
Thirteen	Сездах
Three	Се
Twelve	Дувоздах
Twenty	Бист
Two	Ду

Nutrition
Хӯрокпазӣ ва Интиқоли Ғи

Appetite	Ишта
Balanced	Муносиба
Bitter	Горх
Calories	Калория
Carbohydrates	Карбогидратхо
Diet	Диет
Digestion	Ҳозим
Edible	Хурдан
Fermentation	Ферментация
Flavor	Бӯи
Health	Саломатӣ
Healthy	Салом
Liquids	Моеъ
Nutrient	Ғизози
Proteins	Сафедаљо
Quality	Сифат
Sauce	Сос
Toxin	Токсин
Vitamin	Витамин
Weight	Вазн

Ocean
Уқенус

Coral	Корал
Crab	Краб
Dolphin	Делфин
Eel	Угорь
Fish	Мохи
Jellyfish	Медуза
Octopus	Ҳаштпо
Oyster	Садафак
Reef	Реф
Salt	Намак
Shark	Наҳанг
Shrimp	Шримп
Sponge	Губка
Storm	Тӯфон
Tuna	Туна
Turtle	Сангпушт
Whale	Нахт

Pets
Ҳайвоноти Хонагӣ

Cat	Гурба
Cow	Гов
Dog	Саг
Fish	Мохи
Goat	Буз
Hamster	Хомяк
Lizard	Ящерица
Mouse	Муш
Parrot	Тутии
Puppy	Щенок
Rabbit	Харгӯш
Turtle	Сангпушт
Veterinarian	Ветеринар
Water	Об

Photography
Суратгирӣ

Black	Сиёх
Camera	Камера
Color	Ранг
Contrast	Конраст
Definition	Тафсири
Format	Формат
Lighting	Равшанӣ
Object	Объект
Perspective	Имконияти
Portrait	Расми
Shadows	Сояхо
Texture	Тексура
Visual	Визуал

Physics
Физика

Acceleration	Тезондан
Atom	Атом
Chaos	Хаос
Chemical	Химиявй
Density	Зичии
Electron	Электрон
Engine	Мотор
Formula	Формула
Frequency	Зудй
Gas	Газ
Magnetism	Магнетизм
Mass	Масса
Mechanics	Механика
Molecule	Молекуле
Nuclear	Аслй
Particle	Қисса
Relativity	Нисбият
Universal	Имрӯзй
Velocity	Суръат

Plants
Растанихо

Bamboo	Бамбу
Bean	Боб
Berry	Берри
Botany	Ботания
Bush	Буш
Cactus	Кактус
Fertilizer	Нурии
Flora	Флора
Flower	Гул
Foliage	Баргхо
Forest	Чангал
Garden	Бог
Grass	Алаф
Ivy	Плющ
Moss	Мох
Petal	Петал
Root	Реша
Stem	Асоси
Tree	Дарахт
Vegetation	Республика

Professions #1
Касбҳои №1

Ambassador	Сафир
Astronomer	Астроном
Attorney	Адвокат
Banker	Банкир
Cartographer	Картограф
Coach	Тренер
Dancer	Раккос
Doctor	Духтур
Editor	Редакция
Geologist	Геолог
Hunter	Ваз
Jeweler	Заргар
Musician	Мусикача
Nurse	Ҳамшираи
Pianist	Пианист
Plumber	Челонгар
Psychologist	Психолог
Sailor	Моряк
Tailor	Дӯзанда
Veterinarian	Ветеринар

Professions #2
Касбҳои №2

Astronaut	Астронавт
Biologist	Биолог
Dentist	Стоматолог
Detective	Дететив
Engineer	Инженер
Farmer	Дехкон
Gardener	Богбон
Illustrator	Иллюстратор
Inventor	Ихтироъкор
Journalist	Журналист
Librarian	Китобход
Linguist	Лингвист
Painter	Рассом
Philosopher	Философ
Photographer	Суратгир
Physician	Духтур
Pilot	Лётчик
Surgeon	Циррур
Teacher	Муаллим
Zoologist	Зоолог

Restaurant #1
Тарабхонаи № 1

Allergy	Алергия
Bowl	Коса
Bread	Нон
Chicken	Чӯҷа
Coffee	Қаҳва
Dessert	Десерт
Kitchen	Ошхона
Knife	Корд
Meat	Гушт
Menu	Меню
Napkin	Салфетка
Reservation	Боҷ
Sauce	Сос
Spicy	Тези
Waitress	Официантка

Restaurant #2
Тарабхонаи № 2

Cake	Торт
Chair	Раис
Delicious	Лазиз
Dinner	Хошок
Fish	Мохи
Fork	Форк
Fruit	Мева
Ice	Ях
Salad	Салат
Salt	Намак
Soup	Шӯрбо
Spoon	Қушқ
Vegetables	Сабзавот
Waiter	Пешхизмат
Water	Об

Science
Илм

Atom	Атом
Chemical	Химиявй
Climate	Иқлим
Evolution	Эволютсия
Fact	Факт
Fossil	Фосил
Hypothesis	Гипотеза
Laboratory	Лаборатория
Method	Усули
Molecules	Молекулахо
Nature	Табиат
Particles	Заррахо
Physics	Физика
Scientist	Олим

Science Fiction
Илми Тахаюли

Atomic	Атом
Cinema	Кино
Dystopia	Дистопия
Extreme	Хидоят
Fantastic	Фантастика
Fire	Оташ
Futuristic	Футуристик
Galaxy	Галактика
Illusion	Иллюзия
Imaginary	Тасавил
Mysterious	Асрор
Oracle	Оракул
Planet	Сайёра
Robots	Роботхо
Technology	Технология
Utopia	Утопия
World	Чахон

Scientific Disciplines
Илмӣ Интизоми

Anatomy	Анатомия
Archaeology	Археология
Astronomy	Астрономия
Biochemistry	Биохимия
Biology	Биология
Botany	Ботания
Chemistry	Химия
Ecology	Экология
Geology	Геология
Immunology	Иммунология
Kinesiology	Кинезиология
Linguistics	Лингвистика
Mechanics	Механика
Mineralogy	Минералогия
Neurology	Неврология
Physiology	Физиология
Psychology	Психология
Sociology	Социология
Thermodynamics	Термодинамика
Zoology	Зоология

Shapes
Шаклҳо

Arc	Дуга
Circle	Доира
Cone	Конус
Corner	Гушаи
Cube	М
Curve	Курв
Cylinder	Цилиндр
Edges	Кунҷхои
Ellipse	Эллипс
Hyperbola	Гипербола
Line	Сатр
Oval	Байзавии
Polygon	Полигон
Prism	Призм
Pyramid	Аҳром
Rectangle	Росткунҷа
Side	Тараф
Triangle	Сегунча

Spices
Тимати

Anise	Анис
Bitter	Горх
Cardamom	Кардам
Cinnamon	Дччин
Clove	Зангир
Coriander	Кориандер
Cumin	Зира
Curry	Кари
Fennel	Фенел
Flavor	Бӯи
Garlic	Сир
Ginger	Занчабил
Onion	Пиёз
Paprika	Паприка
Saffron	Зафарон
Salt	Намак
Sweet	Ширин
Turmeric	Турмерик
Vanilla	Ваниля

Sports
Намудҳои Варзиш

Baseball	Бейсбол
Basketball	Баскетбол
Bicycle	Дучархаи
Championship	Чемпионат
Coach	Тренер
Game	Бозӣ
Golf	Голф
Gymnasium	Гимназия
Gymnastics	Гимнастика
Hockey	Хоккей
Player	Бозингар
Stadium	Стадион
Team	Даста
Tennis	Теннис
Winner	Ғолиби

Technology
Технологияи

Browser	Браузери
Bytes	Байт
Camera	Камера
Cursor	Курсор
Digital	Рақамӣ
File	Файл
Internet	Интернет
Message	Паём
Screen	Экран
Security	Амният
Software	Программа
Virtual	Виртуал
Virus	Вирус

The Company
Ширкати

Business	Бизнес
Creative	Эҷодкор
Decision	Карор
Employment	Коргар
Industry	Саноат
Innovative	Навоварон
Investment	Сармоя
Possibility	Имконият
Presentation	Президент
Product	Маҳсулот
Progress	Пешрафт
Quality	Сифат
Reputation	Эътибор

Time
Вақт

Annual	Солона
Before	То
Calendar	Тақвим
Century	Аср
Clock	Соат
Day	Руз
Decade	Дахсола
Early	Аввал
Future	Оянда
Minute	Дакика
Month	Мох
Morning	Субх
Night	Шаб
Noon	Нисми
Now	Ҳоло
Today	Имруз
Week	Хафта
Year	Сол
Yesterday	Дируз

To Fill
Барои пур Кардани

Bag	Баг
Barrel	Бочка
Basket	Сабад
Bottle	Шиша
Box	Қуттии
Bucket	Сатил
Drawer	Чавор
Envelope	Конверт
Folder	Филдер
Pocket	Киса
Suitcase	Чомадон
Tube	Туб
Vase	Ваза

Tools
Воситаҳои

Axe	Акс
Cable	Кабел
Glue	Ширеше
Hammer	Хамер
Knife	Корд
Ladder	Нардбон
Pliers	Анбор
Razor	Разор
Rope	Ресмон
Scissors	Кайча
Screw	Винт
Torch	Факел
Wheel	Чарх

Town
Шаҳри

Airport	Аэропорт
Bakery	Пекарня
Bank	Бонк
Cinema	Кино
Clinic	Клиника
Florist	Гулкор
Gallery	Галерия
Hotel	Мехмонхона
Library	Китобхона
Market	Бозор
Museum	Музей
Pharmacy	Депутатхо
School	Мактаб
Stadium	Стадион
Store	Магазин
Supermarket	Супермаркет
Theater	Театр
University	Донишгоҳи
Zoo	Торикӣ

Universe
Коинот

Asteroid	Астероид
Astronomer	Астроном
Astronomy	Астрономия
Atmosphere	Атмосфера
Cosmic	Космик
Galaxy	Галактика
Hemisphere	Нимкура
Horizon	Хоризон
Latitude	Латитуда
Moon	Мох
Orbit	Орбита
Sky	Осмон
Solar	Офтоб
Solstice	Солнцестояние
Telescope	Телескоп
Visible	Намоиш
Zodiac	Зодия

Vacation #2
Рухсатии № 2

Airport	Аэропорт
Beach	Бич
Hotel	Мехмонхона
Island	Чазир
Journey	Сафар
Leisure	Истирохат
Map	Харита
Passport	Паспорт
Sea	Бахр
Taxi	Такси
Tent	Хаймаи
Transportation	Наклиёт
Visa	Раводид

Vegetables
Сабзавот

Artichoke	Ангенор
Broccoli	Брокколй
Carrot	Сабзй
Cauliflower	Гулкарам
Celery	Карафс
Cucumber	Огурец
Eggplant	Бодинчон
Garlic	Сир
Ginger	Занчабил
Mushroom	Хуч
Onion	Пиёз
Parsley	Петиши
Pea	Па
Pumpkin	Кабу
Radish	Радиш
Salad	Салат
Shallot	Мусир
Spinach	Спанак
Tomato	Помидор
Turnip	Репа

Vehicles
Воситаҳои Нақлиет

Airplane	Самолёт
Bicycle	Дучархаи
Car	Мошин
Caravan	Корвон
Ferry	Паром
Helicopter	Чархбол
Motor	Мотор
Raft	Рафт
Rocket	Ракет
Scooter	Скутер
Submarine	Киштии Обири
Subway	Метро
Taxi	Такси
Tires	Шинахо
Tractor	Трактор
Truck	Мошини
Van	Ван

Water
Об

Evaporation	Буњшавї
Frost	Шарм
Geyser	Гейзер
Hurricane	Тӯфон
Ice	Ях
Irrigation	Обьёрй
Lake	Кул
Moisture	Намнокй
Monsoon	Мусун
Ocean	Океан
Rain	Борон
River	Дарье
Shower	Душ
Snow	Барф
Steam	Чуфти

Weather
Обу Ҳаво

Atmosphere	Атмосфера
Breeze	Бириз
Climate	Иклим
Cloud	Абр
Drought	Хушколй
Dry	Хушк
Fog	Туман
Ice	Ях
Lightning	Барқ
Monsoon	Мусун
Polar	Қутбй
Rainbow	Радуга
Sky	Осмон
Storm	Тӯфон
Temperature	Харорат
Thunder	Раъду Барк
Tornado	Турнадо
Tropical	Тропик
Wind	Боди

Congratulations

You made it!

We hope you enjoyed this book as much as we enjoyed making it. We do our best to make high quality games.
These puzzles are designed in a clever way for you to learn actively while having fun!

Did you love them?

A Simple Request

Our books exist thanks your reviews. Could you help us by leaving one now?

Here is a short link which will take you to your order review page:

BestBooksActivity.com/Review50

MONSTER CHALLENGE!

Challenge #1

Ready for Your Bonus Game? We use them all the time but they are not so easy to find. Here are **Synonyms**!

Note 5 words you discovered in each of the Puzzles noted below (#21, #36, #76) and try to find 2 synonyms for each word.

Note 5 Words from *Puzzle 21*

Words	Synonym 1	Synonym 2

Note 5 Words from *Puzzle 36*

Words	Synonym 1	Synonym 2

Note 5 Words from *Puzzle 76*

Words	Synonym 1	Synonym 2

Challenge #2

Now that you are warmed-up, note 5 words you discovered in each Puzzle noted below (#9, #17, #25) and try to find 2 antonyms for each word. How many lines can you do in 20 minutes?

Note 5 Words from **Puzzle 9**

Words	Antonym 1	Antonym 2

Note 5 Words from **Puzzle 17**

Words	Antonym 1	Antonym 2

Note 5 Words from **Puzzle 25**

Words	Antonym 1	Antonym 2

Challenge #3

Wonderful, this monster challenge is nothing to you!

Ready for the last one? Choose your 10 favorite words discovered in any of the Puzzles and note them below.

1.	6.
2.	7.
3.	8.
4.	9.
5.	10.

Now, using these words and within a maximum of six sentences, your challenge is to compose a text about a person, animal or place that you love!

Tip: You can use the last blank page of this book as a draft!

Your Writing:

Explore a Unique Store
Set Up **FOR YOU!**

MEGA DEALS

BestActivityBooks.com/**TheStore**

Designed for Entertainment!

Light Up Your Brain With Unique **Gift Ideas**.

Access **Surprising** And **Essential Supplies!**

CHECK OUT OUR MONTHLY SELECTION NOW!

- Expertly Crafted Products -

NOTEBOOK:

SEE YOU SOON!

Linguas Classics Team

BESTACTIVITYBOOKS.COM/FREEGAMES